Macroeconomics

거시경제학

홍승표

도서출판 탐진
www.tamjin.co.kr

머리말

『거시경제학』을 펴내면서..

2019년 말에 코로나19 바이러스가 발생하여 2020년 대부분의 세계경제는 큰 폭의 마이너스 성장을 기록하였다. 이듬해인 2021년에는 각국들이 경기침체를 막기 위해 앞 다투어 풀었던 막대한 유동성의 힘과 전년도의 마이너스 기저효과에 의해서 세계경제의 반등이 나타나게 되었고, 2022년에도 완만한 세계경제 회복은 계속되고 있다. 하지만 이 기간 중에 미 · 중간의 무역 · 기술전쟁 더 나아가 세계 패권경쟁은 심화되었고 이로 인해 기존의 글로벌 생산공급망이 원활히 작동하지 못하게 되었고, 여기에 국제유가 등 각종 원자재 가격이 급등하는 등 경기회복이 온전히 이루어지기도 전에 과도한 인플레이션이 나타나 미국과 우리나라를 포함한 대부분의 국가들은 그전과는 정반대의 금융긴축과 금리인상을 단행하고 있다. 이처럼 코로나 이후의 세계경제는 불확실성이 해소되기는커녕 오히려 확대되고 있고, 경제체제도 이전과는 전혀 다른 구조로 변환할 수밖에 없어 앞으로 세계경제의 대전환기(The Great Transformation)가 도래할 것으로 예상되고 있다.

이처럼 코로나19로 인해 디지털시대로의 전환(Digital Transformation)이 가속화되고 기후위기에 따른 탄소중립의 그린전환(Green Transformation)이 현실로 나타나는 등 세계경제의 변동성과 불확실성이 확대되고 있다. 또한 우리나라에 있어 가장 중요한 두 나라인 미국과 중국 간의 대립과 갈등은 한국경제를 어려운 상황에 몰아넣고 있다. 따라서 이러한 불확실한 상황 하에서 경제학원리에 대한 이해와 이를 통한 현명한 선택과 대처가 무엇보다 중요해지고 있다. 경제현상을 정확히 파악하고 합리적 경제선택을 하기 위해서는 미시적 분석과 거시적 분석, 그리고 국제경제적 분석능력이 모두 요구된다. 그러나 경제학이란 학문이 일반인에게는 매우 어렵고 따분한 학문으로 여겨지고 있으며, 경제학의 체계도 방대하여 일반인이 접근하기란 더욱 어렵다. 또한 경제학 교과서 역시 실제 현상과 괴리되는 원론적 내용을 담고 있으며, 지나치게 수학적인 논리만을 앞세워 경제학을 더욱 어려운 과목으로 만들고 있다.

현대를 살아가는 모든 사람들은 각자의 분야에서 성공하기 위해서는 경제를 몰라서는 안 되며, 경제의 흐름을 이해하고 분석할 수 있는 능력이 있어야 한다. 경제학적인 사고방식을 통해 합리적인 선택을 하고, 미래의 경제 · 경영상황을 미리 예측해 대응하여야만 경제적 성공을 담보할 수 있다.

이번에 발간하는 『거시경제학』은 앞서 언급한 바와 같이 경제현상을 이해하기 위한 거시적 분석의 핵심적 내용들을 다루는 경제이해의 출발점이 되는 책이다. 본서에서는 경제학의 많은 내용을 전달하려 하기 보다는 일반인과 학생들이 알아야할 가장 핵심적인 내용을 가급적 말과 그림에 의해서 쉽게 설명하고자 노력하였으며 일반인들이 굳이 알 필요가 없는 내용들은 제외하였다.

한편, 최근 한국과 중국 간의 경제교류와 확대되고 인적교류가 활발해지면서 많은 중국유학생들이 한국에서 공부하고 있다. 그러나 한국어능력이 부족한 중국유학생들은 한글로 된 경제 · 경영용어에 적응하기가 매우 어려워 전공학습에 큰 애로를 겪고 있다. 이에 필자는 본서에서 필수 경제 · 경영 전문용어를 한글, 영어, 중국어로 병용하여 중국학생들이 보다 쉽게 경영 · 경제용어를 이해하고 전공지식을 습득할 수 있도록 배려하였다.

복잡해져만 가는 현실 경제의 현상을 이해하는 데 본서가 조그마한 도움이 될 수 있기를 바란다. 끝으로 본서를 출간할 수 있도록 이해와 격려를 아끼지 않은 사랑스런 아내 지나와 보석같은 주연이, 그리고 어머님께 감사하다는 말을 전하고 싶다.

2022년 5월 桃花를 바라보며...
홍 승 표

차 례

Part 1 거시경제학의 기본원리

Part 2 거시경제변수의 정의와 측정

Part 6 경제안정 : 인플레이션과 실업

Part 1

거시경제학의 기본원리

Chapter 01. 거시경제학의 원리
宏观经济理论的概要

Chapter 01 거시경제학의 원리

宏观经济的原理

- 거시경제적 문제 宏观经济的问题
- 실업 失业
- 인플레이션(Inflation) 通货膨胀
- 케인즈혁명 凯恩斯革命
- 거시경제학의 필요성 宏观经济学的必要性

1.1 거시경제학과 미시경제학의 차이

宏观经济学与微观经济学的差异

경제학(经济学)을 크게 구분할 때 일반적으로 미시경제학(Microeconomics, 微观经济学)과 거시경제학(Macroeconomics, 宏观经济学)으로 구분한다.

미시경제학은 개별경제주체(个别经济主体)와 개별시장(个别市场)에 대한 분석에 초점을 두고 주로 가계(家计)와 기업(企业)의 의사결정(意思决定)이 어떻게 이루어지며 이들 가계와 기업이 시장에서 어떻게 상호작용(相互作用)하는지를 다룬다. 즉 소비자가 어떻게 하면 최고의 만족(满足)을 얻도록 소비(消费)결정을 하는지, 기업이 어떻게 하면 이윤(利润)을 최대로 거둘 수 있는지, 시장에서 수요(Demand, 需求)와 공급(Supply, 供給)이 어떻게 작용(作用)하고 이를 통해서 가격(Price, 价格) 결정은 어떻게 되는지 등에 관한 질문을 다룬다.

표 1 1 경제주체

〈국 내〉

민 간	공 공
가 계 (소비를 통한 효용극대화)	정 부 (사회 전체의 후생극대화)
기 업 (생산을 통한 이윤극대화)	

〈해외부문〉

민 간	공 공
가 계	정 부
기 업	

거시경제학은 미시경제학과는 달리 경제전체(经济全体)의 상황과 관련된 변수(变数)들과 이들 사이의 관계(关系)를 다룬다. 가령 다음과 같은 질문(提问)에 대한 분석(分析)과 이해(理解)를 위한 이론적 틀(框)을 제공한다. 왜 미국(美国)이나 유럽(欧洲)의 국가(国家)들은 잘 사는데 반해 아프리카(非洲)의 국가들은 빈곤(贫困)에 허덕이는지? 왜 경제사정(经济情况)은 좋아졌다가도 다시 나빠지는지? 왜 물가(物价)가 급등해 인플레이션(通货膨胀)이 야기되는지? 왜 금리(利息)가 변하면 주가(股价)와 경기(景气)가 영향을 받게 되는지? 이 같은 질문은 경제전체의 작동(运转)에 관한 것이기 때문에 거시경제학의 범주에 속한다.

한 나라의 거시경제(宏观经济)는 장기적(长期性)인 경제성장(economic growth, 经济增长)의 추세 상에서 단기적(短期的)인 경기변동(经济波动)을 반복하는 움직임을 나타낸다. 거시경제학은 이런 과정에서 나타나는 국민경제(国民经济) 전체의 집계변수(macro-economic aggregates, 总值)를 연구대상(研究对象)으로 한다. 이들 거시경제 집계변수로는 국민총생산(国民生产总值), 성장률(增长率), 물가(物价), 인플레이션율(通货膨胀率), 실업률(失业率), 경상수지(经常收支), 환율(汇率) 등이 있다.

❖ 거시경제학(宏观经济学)의 정의(定义)

인플레이션, 실업, 경제성장 등과 같이 나라 경제 전체에 관한 경제현상을 전체적인 시각에서 연구하는 경제학의 한 분야

1.2 거시경제적 문제
宏观经济学解决的问题

경제학(经济学)은 경제문제를 다루는 학문(学问)이다. 경제문제(经济问题)는 우리가 가진 자원(물적物资, 인적人的, 시간时间 등)이 희소(稀缺)하기 때문에 발생한다. 경제학이 처음에 태동되어 발전되기 시작하던 18세기와 19세기까지 경제학의 관심은 주로 어떻게 하면 주어진 자원을 가지고 효율적(有效率的)으로 생산(生产)할 것인가에 초점을 두었다. 즉 활용가능한 자원의 적재적소(资源的优化配置) 배분(分配)이라는 미시경제적 문제에서 출발하였고 이러한 문제의 해결을 위해 개인이나 개별 기업의 경제행위(经济行为)를 분석함으로써 경제문제(经济问题)를 설명하고자 하였다. 이들 문제는 이른바 경제학의 아버지로 불리는 아담 스미스(A. Smith 亚当·斯密)로 시작되는 고전학파(古典学派) 경제학자나 이후의 신고전학파(新古典学派) 경제학자들이 주로 관심을 가지고 다뤘다.

그러나 1930년대 대공황(Great Depression, 大萧条) 이후에 세계 각국에서 금융 시스템(金融体制)이 붕괴하고, 기업도산(企业破产)과 실업문제(失业问题)가 심각해졌다. 이에 경제학의 관심은 어떻게 하면 활용되지 않는 인적 · 물적 자원(人力物力资源)을 최대한 활용하여 실업을 해결하고 고용을 늘릴 수 있는지 하는 문제에 맞춰졌다. 한편 1970년대에는 오일쇼크(Oil shock, 石油冲击)의 발생으로 인플레이션(通货膨胀) 문제가 심각해지자 경제학의 관심이 "어떻게 하면 물가(物价)를 안정(安定)시킬 수 있는가" 하는 것에 초점이 맞춰지게 되었다.

▶ 1930년대 대공황

▶ 1970년대 오일쇼크

그러나 고전학파의 이론으로는 이 같은 문제들을 제대로 설명할 수 없었으며, 또한 효과적인 정책대안을 제시하기도 힘들었다. 따라서 새로운 경제분석수단(经济分析手段)이 요구되었고 거시경제학이 출발하는 계기가 되었다. 케인즈는 앞서 고전학파 경제학자들이 잘 설명하지 못하는 문제들을 자신의 저서인 『고용, 이자 및 화폐의 일반이론』(The General Theory of Employment, Interest, and Money, 1936)을 통해서 설명하고 그에 대한 정책처방을 내놓아 거시경제학 분석의 새 이정표를 세우게 되는데, 이를 가르켜 이른바 "케인즈혁명"(Keynesian Revolution, 凯恩斯革命)이라 한다.

❖ 거시경제학의 문제

실업과 인플레이션을 줄여 고용안정(就业安定)과 물가안정(物价安定)을 달성

❖ 실업의 폐해

개인(个人)으로 볼 때 소득(收入)의 상실, 심리적으로 상실감, 사회적으로는 사회적 자원(社会资源)의 상실(丧失)

❖ 인플레이션(通货膨胀)의 폐해(弊端)

- 실물자산(实物资产)과 화폐자산(货币资产) 보유자간의 부(富)와 소득의 강제배분이 발생하여 토지소유자(土地所有者) 이득, 정액소득자(定数额收入者) 불리
- 자산인플레이션(资产通货膨胀)의 발생 → 불로소득(不劳而获), 근로의욕감소, 과소비(超前消费), 고비용구조(高费用结构) 야기
- 성장저하(成长率降低) : 인플레이션 지속 → 금리 예측 힘듦 → 기업의 장기차입(长期贷款) 어려움 → 기업의 설비투자(设备投资) 감소 → 성장저하(成长底下)

거시경제학은 이러한 실업과 인플레이션의 문제를 해결하기 위해 경제전체에 관련된 변수 즉 국민소득(National Income, 国民收入), 이자율(Interest rates, 利率), 물가(Price, 物价), 환율(Exchange rate, 汇率) 등 이른바 거시경제 주요변수(Macroeconomic Fundermentals, 宏观经济主要总值)들을 관찰하여 분석하는 학문이다.

좀더알아보기

스태그플레이션 : 불경기속의 물가상승

1970년대 초 석유수출국기구(OPEC)의 원유가격 대폭 인상으로 제1차 석유파동이 초래되어 우리나라를 포함한 세계 각국은 물가가 크게 상승하고 국민소득이 감소하는 스태그플레이션을 경험한 바 있었습니다. 불경기(stagnation)와 물가상승(inflation)의 합성어인 스태그플레이션(stagflation, 滞胀)은 주로 비용인상 인플레이션에 의해 유발된다고 합니다. 원유는 자동차 등의 연료로 쓰일 뿐만 아니라 석유화학제품 등 여러 상품들을 만들기 위해 다양한 분야에서 중간재로 널리 사용되고 있어 국민경제 전체에 미치는 영향이 매우 큽니다. 스태그플레이션은 경제에 큰 고통을 안겨주지만 적절한 대응정책을 수립하기가 어렵습니다. 이에 따라 많은 국가들은 스태그플레이션이 발생되지 않도록 예방책 마련에 노력하고 있습니다.

1.3 거시경제학의 필요성
宏观经济学的必要性

경영과 경제(경기)와의 관계를 살펴보면 기업(企业)의 경영은 해당 기업이 속해 있는 시장(市场)에 직접적 영향을 받으나 크게는 그 시장주변의 다른 시장들과 대내외적인 경제여건 즉 국내경기(国内景气) 및 해외경제의 경기(海外景气)에 의해서 영향을 받게 된다. 따라서 기업경영에 있어서도 자신이 속한 시장만을 보는 미시적인 시각에서 탈피해서 거시적인 안목이 필요하며 이러한 시각에 분석틀을 제공하는 것이 거시경제학이라 할 수 있다.

흔히 미시경제학과 거시경제학의 관계를 설명할 때 나무(树)와 숲(树林)의 관계를 들어 설명하는데 이는 경영학(经营学)이나 미시경제학에서 다루는 분야가 숲을 이루는 개별적인 나무라 한다면 거시경제학은 그 나무들로 구성된 전체적인 숲을 다루는 것으로 볼 수 있다. 전체를 알기 위해 모든 나무의 특성을 분석하는 것이 보다 정확할지 모르나 이는 불가능하거나 많은 비용을 수반하므로 이럴 때는 거시경제학(宏观经济学)이 유효한 분석수단(分析手段)이 된다.

Chapter 01 Summary

1. 거시경제학의 문제(宏观经济学的问题)
   실업과 인플레이션을 줄여 고용안정과 물가안정을 달성하는 것

2. 미시경제학의 문제(微观经济学的问题)
   주어진 자원의 효율적 배분을 위한 개별경제주체(가계, 기업 등)의 경제행위와 상호작용을 분석함

3. 케인즈혁명(凯恩斯革命)
   경제가 항상 완전고용상태를 달성한다는 고전학파의 이론으로는 당시 대공황의 실업문제를 해결하지 못한다고 비판하고 거시경제학적인 분석방법을 제시

거시경제학
Macroeconomics

Part 2

거시경제변수의 정의와 측정

Chapter 02. 국민경제의 측정과 국내총생산
国民经济的衡量与国内生产总值

Chapter 03. 경기변동과 경기예측
经济状况与经济周期

Chapter 02 국민경제의 측정과 국내총생산

国民经济的衡量与国内生产总值

- 국민소득개념 国民收入概念
- 국민경제의 순환과정 国民经济的循环流程
- GNP 国民生产总值, GDP 国内生产总值
- GDP 디플레이터 国内生产总值平减指数
- 명목국민총생산 名义国民生产总值, 실질국민총생산 实际国民生产总值
- 국민소득 삼면등가의 법칙 国民收入三面等价的定律
- GDP 개념의 한계 国内生产总值概念的限度

2.1 국민경제의 순환과정

国民经济的循环流程

경제는 순환적 흐름을 갖는다.

기업은 물건을 생산하고 가계는 기업이 생산한 물건을 사기위해 대가를 지급한다. 기업은 이 돈으로 다시 생산에 필요한 노동(劳动)과 원료(原料)를 구입한다. 가계는 기업에게 노동력을 제공하고 임금을 대가로 받으며, 이 돈으로 기업이 생산한 물건을 구입할 수 있다.

이처럼 자본주의 경제체제에서 생산의 주체는 기업(企业, 生产者)이며, 기업은 이윤(利润)을 목적으로 소비자에게 생산물을 판매한다. 이 이윤은 기업의 생산과정에서 노동력(劳动力), 자본(资本), 토지(土地) 등과 같은 생산요소(生产要素)를 제공했던 가계에 대한 보수를 지불하는 데 사용된다. 가계는 이 소득을 기초로 구매행위 즉 소비(消费)를 하게 된다. 즉 가계의 소득은 생산물에 대한 수요를 구성하고 기업은 다시 이 수요를 기반으로 다시 생산활동을 수행함으로써 다시 출발점에 돌아오게 된다. 이와 같은 경제의 흐름을 국민경제의 소득순환과정(国民经济的循环流程)이라 한다. 이를 그림으로 나타내보면 <그림 2-1>의 국민경제 순환모형도와 같다.

그림 2 1 국민경제의 순환모형도

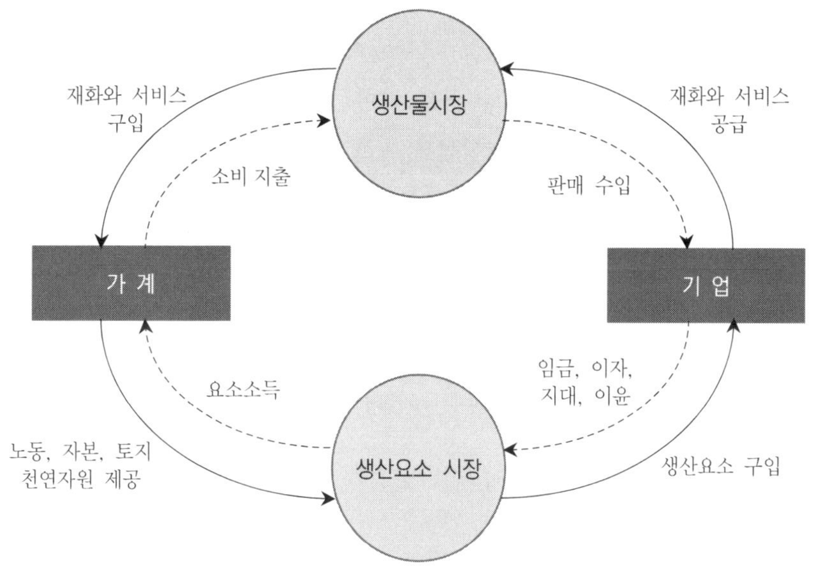

<그림 2-1>의 순환모형도를 통해서 경제 전체의 재화와 서비스에 대한 소득과 지출은 같다는 것을 알 수 있다. 그 이유는 어느 거래에서건 사는 사람과 파는 사람이 있으며, 이때 사는 사람의 지출은 파는 사람의 수입이 되며 경제전체로도 소득과 지출은 같아지게 된다. 나라경제의 소득은 그 나라경제의 총지출과 같은 금액이 된다.(국민소득3면 등가의 법칙 p.32 참조)

2.2 국민소득개념
国民收入概念

위의 국민경제의 순환모형은 경제의 작동원리를 이해하고 설명하는 것에 지나지 않는다. 그러나 한 나라의 경제가 지금 어떤 상황이고 앞으로 어떻게 될 것인가를 파악하고 분석하기 위해서는 객관적이고 계량적인 지표들이 필요하다. 경제 전체에 대한 종합적인 상태를 측정하는 통계지표(统计指标)가 바로 국민소득 경제지표이며, 여기에는 국내총생산, 국민총생산와 국민총소득 등과 같은 국민소득 지표(国民收入指标)들이 사용된다.

한 나라경제의 소득과 지출을 측정하는 지표가 국내총생산(Gross Domestic Product, 国内生产总值) 또는 국민총생산(Gross National Product, 国民生产总值)이다. 개인의 경제적 상태를 파악하기 위해서는 그 사람이 얼마나 돈을 벌어들이는가를 살펴봐야 한다. 소득이 많을수록 소비수준도 높아지고 보다 높은 경제생활을 누릴 수 있기 때문이다. 국가의 경우에도 마찬가지로 그 나라의 경제가 얼마나 잘 돌아가는지, 경기상황이 어떤지를 알아보기 위해서는 그 나라 전체의 소득(所得), 즉 그 나라의 모든 개인과 기업들의 총소득이 얼마나 되는지, 또 그 변화추세는 어떤지를 살펴보면 된다.

2.3 국내총생산
国内生产总值

경제에는 수많은 개인, 기업, 정부, 해외부문들이 각자 경제활동을 하기 때문에 어느 한 부문만 보아서는 전체적인 경제상태(经济状况)를 파악할 수가 없다. 경제의 전반적인 움직임을 파악하기 위해서는 국민경제 전체의 활동을 보여주는 통계지표(statistics index, 统计指标)가 필요하다. 이러한 지표들 중 가장 많이 쓰이는 지표가 국내총생산(Gross Domestic Product : GDP, 国内生产总值)이다. 국내총생산은 일정 기간 동안 한 나라 안에서 생산된 최종적인 재화와 서비스의 (화폐)가치를 합한 것이다. 즉 한 해동안의 한 국민경제의 전체적인 생산수준을 나타낸다. GDP는 중요한 거시경제변수의 하나이므로 그 구체적인 의미를 하나하나 살펴보기로 한다.

❖ 국내총생산(国内生产总值)의 정의

일정기간 동안 한 나라 안에서 생산된 모든 최종적인 재화와 서비스의 시장가치 합
(It is the total market value of all final goods and services produced within a country in a given period of time)

(1) "GDP는 일정기간…"(一定期间)

국내총생산에 대한 정의가 "일정기간(一定期间)"이라는 말로 시작되는 것은 기존에 만들어져서 이미 존재했었던 상품은 GDP로 계산되지 않는다는 것을 의미한다. 이때 일정기간이란 보통 한 해 동안 즉 1년간을 의미하는데 그 해에 새로 생산되어진 상품의 가치만을 포함한다는 것이다.

❖ 비교 : 국부(國富)

- 국내총생산과 유사한 개념으로 국부(National Wealth, 国富) 개념이 있는데 둘 간의 차이점은 국부는 특정시점에서 한 나라가 보유하고 있는 모든 경제적 가치를 측정하기 때문에 현재는 물론 과거에 생산된 상품의 가치도 포함
- 이처럼 국부처럼 특정시점에서 양을 측정하는 것을 경제학에서는 스톡(储量, stock) 개념이라 하고 GDP와 같이 일정기간동안 양을 측정하는 것을 플로우(流量, flow) 개념이라 함

(2) "…한 나라 안에서…"(在一国内)

GDP는 한 국가의 영토 안에서 생산된 경제활동의 가치를 측정하는 것이다. 우리나라에서 일하는 외국노동자나 외국기업들의 생산활동은 국적(国籍)에 관계없이 우리나라의 GDP에 포함된다. 반면 우리나라 기업(国内企业)의 해외 경제활동은 GDP에 포함되지 않는다. 예를 들어 삼성전자의 미국 현지법인의 소득은 GDP에 포함되지 않는다. 생산자의 국적에 관계없이 어떤 나라의 영토(领土) 내에서 생산되는 물건은 그 나라의 GDP에 포함된다.

❖ 비교 : GNP(국민총생산, Gross National Product, 国民生产总值)

- GNP는 그 나라 국민들의 생산활동의 가치를 나타낸다. GDP와 달리 생산활동에 참여하는 사람의 국적(생산주체의 국적, 生产主体的国籍)을 중시한다. 따라서 우리나라에서 일하는 외국인(外国人) 또는 외국기업의 생산활동은 포함되지 않으며 외국에 나가 있는 우리기업의 소득은 포함된다.
- GNP는 국적(国籍) 중시 개념이고 GDP는 지역(地域) 중시 개념이다.

국내총소득과 국민총소득

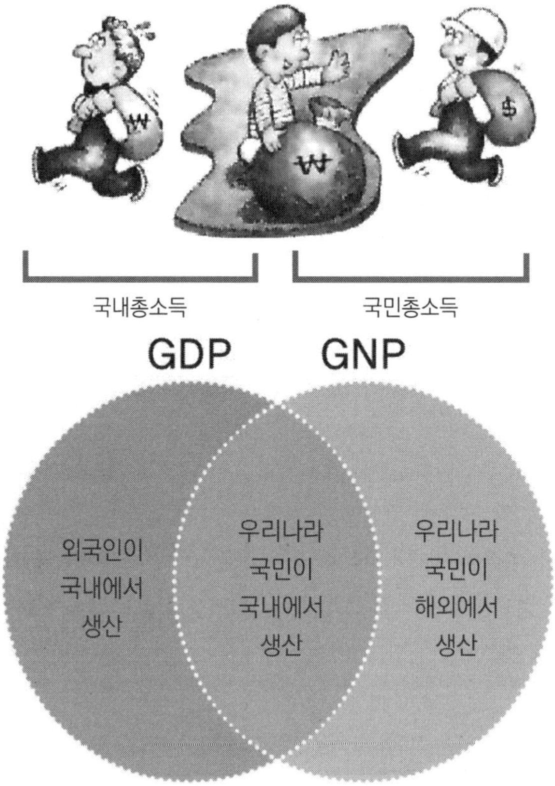

이처럼 총소득을 국내와 국민으로 개념을 구분하는 이유는 오늘날 국가간에 자본과 노동 등 생산요소의 이동이 활발해졌기 때문이다. 일반적으로 한 나라의 종합적인 경제 상황을 파악하는 데에는 국내 개념이 더 중요하기 때문에 국내총소득(GDP)을 사용한다. 그 이유는 세계경제의 글로벌화(globalization, 全球化)로 해외에 진출하여 투자하고 현지인을 고용하는 다국적기업(multi-national enterprise, 跨国公司)이 늘어나면서 이들 기업의 활동과 소득이 모국

보다는 현지 국가의 고용과 경기에 미치는 영향이 보다 크기 때문이다. 하지만 일국의 국민들의 생활수준을 파악하거나 다른 나라와 비교할 때는 국민총소득 개념을 사용하기도 한다.

경제성장률 중심지표의 변경(GNP ➜ GDP)

경제성장률은 일정기간에 한 나라 경제가 이룩한 성과를 측정하는 중요한 척도로서 경기 및 생산활동 동향을 나타내는 경제지표이다. 경제성장을 나타내는 중심지표는 경제환경이나 경제구조 등이 변화함에 따라 경제성장의 정도를 잘 반영할 수 있도록 변경이 필요하게 되었다.

GDP(국내총생산)는 소유에 관계없이 국내에 있는 노동, 자본 등 모든 생산요소를 결합하여 만들어낸 최종생산물의 합인 생산활동지표이며 GNP(국민총생산)는 한 나라가 소유한 생산요소를 국내외의 생산활동에 참여시킨 대가로 받은 소득을 합계하여 산출하는 소득지표로 GDP와 GNP는 각각 다른 목적에서 작성되었다.

당초에는 거시경제분석의 초점이 소득 측면에 있었기 때문에 GNP를 경제성장의 중심지표로 삼았으나, 1970년대 이후 세계적으로 경제의 국제화가 급격히 진전되면서 노동이나 자본의 국가간 이동이 확대됨에 따라 소득지표에 가까운 GNP기준 성장률이 국내경기 및 고용사정 등을 제대로 반영하지 못하게 되면서 각국은 경제성장의 중심지표를 GDP로 바꾸는 것을 검토하게 되었다.

유럽의 OECD국가들은 1970년대 중반부터 미국('91. 3/4), 독일('92. 3/4), 일본('93. 3/4) 등은 이미 '90년대 초반에 GDP를 경제성장의 중심지표로 삼았으며 우리나라도 이와 같은 국제추세에 맞추어 '95년부터 경제성장의 중심지표를 GNP에서 GDP로 변경하여 발표하게 되었다.

한편, UN, IMF 등 국제기구가 제정하여 각국이 따르도록 한 국민소득통계의 국제적 편제기준인 국민계정체계(1993 SNA)에서는 물론 국내의 생산활동지표로 실질 GDP를 이용하도록 하고 있으며, 나아가 소득지표로도 실질 GNP대신에 앞에서 소개한 실질 GNI(Real Gross National Income)를 편제하도록 권고하고 있다. 이에 따라 한국은행도 지난 1999년부터 소득지표로 GNP대신에 GNI를 편제 · 발표하고 있다.

(3) "…**모든**…"(全部)

GDP는 한 나라에서 생산되어 시장에서 "합법적(合法的)으로 거래되는 모든(全部)" 품목을 포함한다. 또한 시장에서 거래되지는 않지만 GDP에 포함되는 서비스들도 있다. 기존 주택에서 창출되는 주거서비스 가치의 경우에 임대주택은 물론, 자기 집에 사는 자가 주택의 경우까지 임대료를 추정하여 GDP에 반영한다. 이 외에 경찰서비스, 국방, 소방 같은 공공재 성격의 서비스는 시장에서 거래되지는 않으나 그 활동에 소요된 비용으로 그 가치를 추정하여 GDP에 포함시킨다. 그러나 불법적(非法的)으로 생산 · 유통되는 마약(毒品), 매춘(卖淫), 불법과외 등과 같은 활동이나 가정주부들의 가사노동(家务劳动) 서비스는 정상적인 시장에서 거래되지 않는 것이므로 GDP에 포함되지 않는다.

(4) "…최종…"(最终)

GDP에는 최종적인 상품이나 서비스만을 국내총생산에 포함시킨다는 의미는 이렇게 해야만 이중계산(重复计算)을 회피할 수 있기 때문이다. 경제에는 최종재(final goods, 最终产品)뿐만 아니라 최종재 생산에 투입되는 중간재(intermediary goods, 中间产品)가 존재하기 때문에 이들을 모두 합산할 경우 중간재는 이중으로 계산되어 정확한 GDP 산출이 어려워진다.

❖ 중간재(中間財)

다른 상품의 생산과정에 사용되는 중간투입물의 성격을 가진 상품이나 서비스

❖ 최종재(最終財)

다른 상품을 생산하는 과정에 중간투입물로 사용되는 것이 아니라 최종적인 용도로 사용되는 상품이나 서비스

예 농부 밀 생산 5만원
→ 제분업자 밀가루 7만원(부가가치 2만원)
→ 제빵업자 식빵 10만원(부가가치 3만원)
∴ 최종생산물 가격(= 식빵 10만원)은 부가가치를 모두 더한 값(= 5만원 + 2만원 + 3만원)과 같다.

(5) "…시장가치…"(市场价值)

어느 시점의 시장가격인가에 따라 명목 GDP(Nominal GDP, 名义国民生产总值) 또는 실질 GDP(Real GDP, 实际国民生产总值)로 구분된다. 명목 GDP는 계산할 때 상품과 서비스의 현재 시장가치로 계산하는 것이며 실질 GDP는 과거 기준년도의 시장가격으로 계산한다.

명목 GDP는 주로 국내 총소득의 크기, 1인당 국내소득, 산업구조(产业结构) 등을 파악하는 데 이용된다. 실질 GDP는 경제성장률을 계산하거나 국민경제가 장기적으로 어떻게 변화하

는가를 알아보는 데 사용된다. 명목 GDP는 생산량의 변화뿐만 아니라 가격변화에 영향을 받기 때문에 생산량은 그대로인데 물가만 올라가도 경제성장률이 올라가는 문제가 있기 때문이다. 따라서 경제성장률(经济增长率)을 측정할 때는 실제 생산활동이 어떻게 변화했는가가 중요하기 때문에 비교년도의 가격이 아닌 기준년도의 가격을 사용하는 실질 GDP 개념에 의해 측정한다.

좀더알아보기

지난 4년 동안 농부의 명목소득과 실질소득은 얼마나 증가했나?

농부가 자신의 노동력만으로 사과를 생산하여 생산량이 2021년 1만 개에서 2022년 1만 2천 개로 늘었고 1개당 가격은 2021년 400원에서 2022년 500원으로 올랐다고 가정해 봅시다.

명목소득은 생산량에 당해 연도의 가격을 곱하여 계산합니다. 이 경우에 2021년은 1만 개에 1개당 가격 400원을 곱한 400만 원, 2022년은 사과 1만 2천 개에 1개당 가격 500원을 곱한 600만 원이 됩니다. 따라서 농부의 명목소득은 지난 1년 동안 50% 증가하였습니다.

한편 실질소득은 생산량에 기준년도(여기서는 2021년)의 가격을 적용하여 계산합니다. 즉 2021년에는 사과 1만 개에 400원을 곱한 400만 원, 2022년에는 사과 1만 2천 개에 2021년 가격인 400원을 곱한 480만 원이 됩니다. 이 경우 농부의 실질소득은 20% 증가하는 데 그쳤습니다. 이는 실질소득의 증가가 오로지 생산량의 변화에 의해서만 이루어지고 가격상승의 영향을 받지 않기 때문입니다.

❖ 실질 GDP와 명목 GDP의 차이점

① 명목 GDP(Nominal GDP) : 재화와 서비스의 현재 시장가치로 계산 → 국민총소득의 크기, 1인당 국민소득, 산업구조 등을 파악하는데 주로 이용

② 실질 GDP(Real GDP) : 주어진 기준년도의 시장가격으로 계산 → 경제성장률 계산, 국민경제가 장기적으로 어떻게 변화하는가를 알아보는 데 사용

경제구조(经济结构) 또는 산업구조(产业结构)란 경제의 각 부문(농림어업, 광공업, 건설업, 전기 · 가스 · 수도, 서비스업 등)이 만들어내는 부가가치(附加价值)가 국내총생산(GDP)에서 어느 정도 비중을 차지하고 있는지를 나타낸다. 우리나라의 경제구조는 과거 1차산업이라고 부르는 농립어업(农林渔业)이 1970년의 29%에서 2020년에는 2%로 낮아졌고, 2차산업이라 부르는 광공업(工矿业)은 20%에서 35.5%, 3차산업이라 부르는 서비스업(服务业)은 45%에서 62.4%로 높아졌다. 이처럼 우리 경제는 지속적인 경제성장을 통해 과거 농수산업과 같은 1차 산업부문이 크게 줄어든 반면 공업부문과 서비스부문은 크게 증가하였다.

그림 2 2 우리나라 산업구조의 변화추이(각 산업의 부가가치/명목GDP)

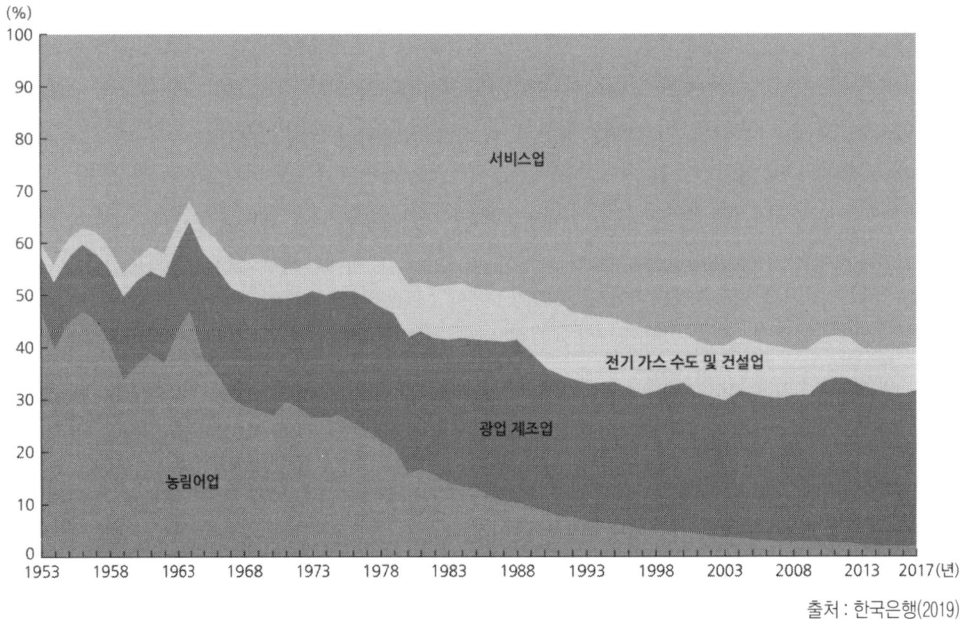

출처 : 한국은행(2019)

읽을거리 : 국내총생산(GDP) 탄생의 비화, GDP는 20세기 위대한 발명 중 하나?

미국 상무부 장관인 William M. Daley는 1999.12.7 미국 연방준비위원회(FRB)의 의장인 Alan Greenspan 및 대통령 경제자문위원회 의장인 Martin Baily와 함께 GDP 통계를 "20세기의 위대한 발명 중 하나"라는 평가를 하였다.

GDP는 거시경제학과 함께 대공황(the Great Depression)을 계기로 탄생하였다. 당시 Franklin Roosevelt와 그의 참모들이 얻을 수 있었던 정보는 주가, 철도 운송량, 철강 생산량 등 산재된 통계 뿐이었다. 전반적인 경제상황을 판단할 수 있는 지표가 없었기 때문에 경제가 전체적으로 어떻게 돌아가는 지는 추측에 의존할 수밖에 없었다. 이에 따라 미국 상무부는 전체 경제의 흐름을 파악할 수 있는 정보의 부족 문제를 해결하기 위해 Simon Kuznets(GDP통계 개발에 대한 공로로 나중에 노벨 경제학상 수상)에게 GDP통계를 개발하도록 하였다.

GDP 통계가 제공하는 경제상황에 대한 큰 그림이 없었다면 정책입안자들이 경제현상을 이해하는 데 필요한 정보가 없었을 것이며 정부는 적절한 정책을 취할 수 없었을 것이다. Kuznets가 개발하여 1937년 미국의회에서 발표한 GDP는 생산보다 소득에 치중되어 있었다. 이후 제2차 세계대전 중 정책 담당자들이 경제의 활동수준을 보다 포괄적으로 측정할 필요성을 인식하게 되면서 GDP가 오늘날의 모습을 갖추게 되었다. 미국 상무부는 1942년에 GDP와 GNP의 추정치를 발표하였다.

대공황(Great Depression) 당시 Franklin Roosevelt와 그의 참모들은 철도 운송량이 줄어들고 철강 생산량이 크게 감소하여 수백만의 사람들이 직업을 잃었다는 사실은 알았으나 경제상황에 대한 큰 그림(GDP 통계)이 없어 전체 경제에 대한 정보부족으로 무엇을 해야 할지 몰라 당황하였다. 의사가 모든 진단결과를 분석한 후에 처방을 실시하는 것처럼 경제정책입안자들도 GDP 계정에서 중요한 정책결정을 위한 도구(tools)를 얻을 수 있게 되었다.

GDP통계가 경제발전에 기여한 것은 미국경제의 흐름에서 잘 나타나고 있다. 미국 GDP는 대공황기였던 1932년에 12.9%나 감소하였으나 그 이후 경기침체가 가장 심각했던 2009년 중에는 2.8% 후퇴하는데 그쳤다. 즉 GDP 통계가 완전하게 개발되어 널리 이용된 이후 경제의 호황과 불황의 폭이 훨씬 작아졌음을 알 수 있다. 미국 GDP의 가장 큰 추락은 1932년의 13% 감소인데, GDP 통계가 개발되어 경제정책에 이용된 이래 과거와 같은 큰 폭의 경기순환(business cycle)은 사라졌으며 예금대량인출(bank run), 금융공황, 깊고 장기적인 경기침체, 장기실업 등도 발생하지 않았다.

GDP가 개발되어 경제분석과 정책결정에 이용된 이후 과다한 경기변동이 완화되었고 경기침체의 기간도 짧아진 사례다. GDP를 기초로 종합적인 경제상황을 판단할 수 있게 됨에 따라 과거보다 정책대응에 실기하는 사례가 줄어들었기 때문이다. 이와 같이 미 상무부는 GDP 통계라는 매우 유용한 경제지표를 제공함으로써 미국경제의 건실화에 매우 긍정적인 효과를 나타냈다.

출처 : 한국은행

경제성장률은 물가요인의 변화를 제거한 실질 GDP성장률로 계산되며 측정하는 기간에 따라 1년간의 경제변화를 측정하는 연간 GDP성장률과 분기별 변화를 측정하는 분기별 GDP성장률이 있다.

$$GDP\ \text{성장률}(\%) = \frac{\text{금년도 실질}\ GDP - \text{전년도 실질}\ GDP}{\text{전년도 실질}\ GDP} \times 100$$

한편 명목 GDP와 실질 GDP로부터 물가수준의 변화를 알 수 있게 해주는 GDP 디플레이터(GDP Deflator, 国内生产总值平减指数)를 계산할 수 있다. GDP 디플레이터는 소비자물가지수, 생산자물가지수, 수출입물가지수, 임금, 환율 등이 반영된 가장 포괄적인 물가변동을 나타내는 지표이다. <그림 2-4>에서와 같이 GDP 디플레이터는 소비자들이 체감하는 물가인 소비자물가지수나 생산자들이 느끼는 물가인 생산자물가지수와 유사한 움직임을 나타낸다.

GDP 디플레이터는 명목 GDP를 실질 GDP로 나눈 값으로서 한 나라경제의 전반적인 물가수준을 의미한다. 대표적인 물가지표인 소비자물가지수와 비교해 보면 소비자물가지수는 소비자가 주로 구입하는 최종적인 재화 및 서비스의 물가수준만을 반영하는 반면 GDP 디플레이터는 소비뿐만 아니라 GDP를 구성하는 투자, 수출입 등과 관련된 모든 물가지표가 활용된다는 점에서 차이가 있다. 또한 생산측면에서 보면 GDP 디플레이터는 부가가치(= 총산출 – 중간투입)관점에서 측정되기 때문에 국내에서 생산되는 최종재 가격과 생산에 투입된 중간재 가격이 반영되어 산출된다.

그림 2 3 최근 우리나라 경제성장률 및 GDP 디플레이터 변화추이(2010 ~ 2020년)

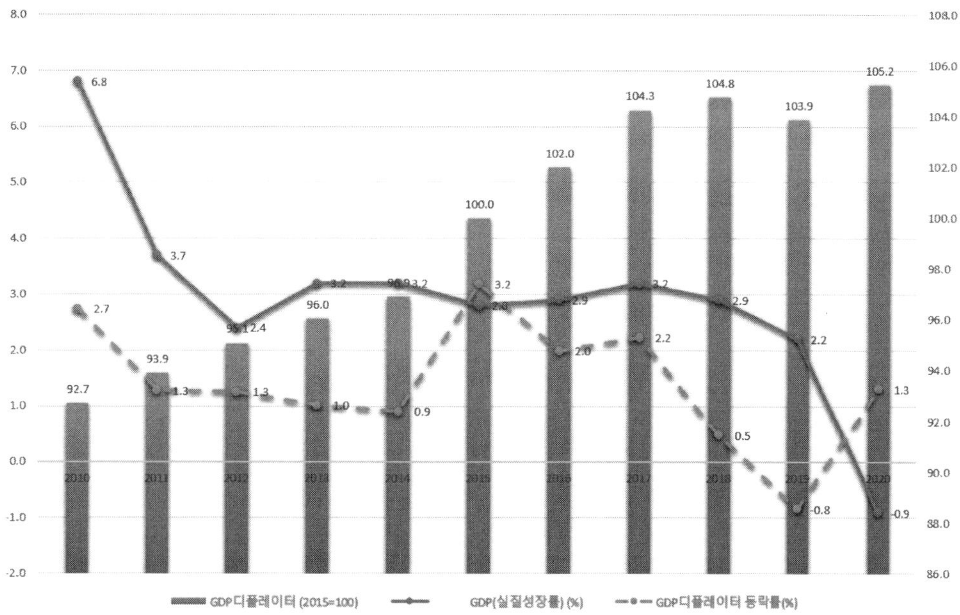

그림 2 4 최근 우리나라 주요 물가지수의 변화추이(2015년 = 100)

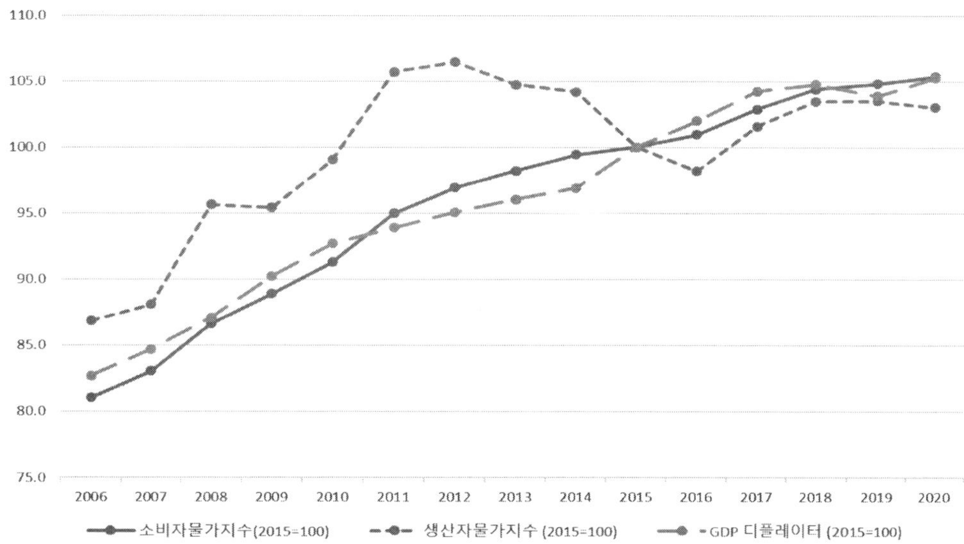

❖ GDP 디플레이터

- 명목 GDP를 실질 GDP로 나눈 값을 GDP Deflator라고 한다.

$$GDP\ 디플레이터 = \frac{명목\ \ GDP}{실질\ \ GDP} \times 100 \qquad (2.1)$$

- GDP 디플레이터는 기준년도에 비교해 물가상승의 정도를 파악할 수 있게 해준다. 소비자물가지수는 전형적인 도시의 소비자가 구매하는 물건의 바스켓에 주목하므로 산업부문이나 정부부문의 물가변화는 포함하지 않는 반면, GDP 디플레이터는 이들까지 포함하여 물가상승의 전체적인 추세를 파악할 수 있게 해준다.

예 2015년을 기준년도로 한 2020년의 GDP 디플레이터 계산식

$$GDP\ 디플레이터_{2020년} = \frac{명목\ GDP_{2020년}}{실질\ GDP_{2020년}} \times 100$$
$$= \frac{P_{2020년} \times Q_{2020년}}{P_{2015년} \times Q_{2020년}} \times 100 = \frac{P_{2020년}}{P_{2015년}} \times 100$$

표 2 1 한국의 명목 GDP와 실질 GDP

(단위 : 10억원)

	2015	2016	2017	2018	2019	2020
명목 GDP(A)	1,658,020.4	1,740,779.6	1,835,698.2	1,898,192.6	1,924,498.1	1,933,152.4
실질 GDP(B)	1,658,020.4	1,706,880.9	1,760,810.9	1,812,013.2	1,852,670.1	1,836,881.4
GDP 디플레이터 (A/B × 100, 2015년 = 100)	100.0	102.0	104.3	104.8	103.9	105.2

표 2 2 우리나라 주요 물가지수 비교

(단위 : 10억원)

구 분	소비자물가지수	생산자물가지수	수출입물가지수
작성기관	통계청	한국은행	한국은행
작성 목적	가계가 소비하는 상품 및 서비스의 가격수준 측정	국내생산자가 국내시장에 출하하는 상품 및 서비스의 가격수준 측정	수출 및 수입 상품의 가격수준 측정
대상 품목[1]	가계소비지출 비중이 큰 소비재와 개인서비스 460개 품목	국내 거래규모가 큰 상품 및 서비스 867개 품목	수출 및 수입 규모가 큰 수출 205개, 수입 235개 품목
대상 품목 선정 기준	가계동향조사 소비지출액이 총소비 지출액의 1/10,000이상	국내출하액의 1/10,000 이상인 상품 및 1/2,000 이상인 서비스 품목	전체 수출액 및 수입액의 1/2,000 이상인 품목
지수 기준연도	2015년	2010년	2010년
조사가격	소비자 구입가격	기초가격	수출입계약가격
지수산식	연쇄가중 라스파이레스식	연쇄가중 로우식	연쇄가중 로우식
이용 범위	생계비 또는 화폐가치 비교, 국민연금 수령액 및 노사 간 임금조정 등을 위한 기초자료 등	상품 및 서비스의 전반적인 수급 파악, 실질 국내총생산 산출 등	수출 채산성 및 수입원가 변동 측정, 교역조건 계산, 실질 국내총생산 산출 등

주 : 1) 소비자물가지수는 2015 = 100 기준지수에 사용되는 품목수 기준이며, 생산자물가지수와 수출입물가지수는 2018년 연환지수 산출에 사용된 품목 기준임

읽을거리 : 지난 50여 년 동안 소비자의 체감물가는 얼마나 많이 올랐을까?

어느 텔레비전에서 방송하고 있는 '만원으로 1주일 버티기'라는 프로그램을 보셨을 겁니다. 1만원은 지난 50여 년 동안 물가가 오르지 않았다고 가정한다면 1970년을 기준으로 자장면 100그릇을 먹을 수 있고 시내버스는 1,000번을 탈 수 있는 큰 돈이랍니다.

공식적으로 발표되는 우리나라의 소비자물가는 통계작성이 시작된 1965년부터 2020년까지 55여 년 동안 38.3배 정도 오른 것으로 나타났습니다. 한국물가정보원이 조사한 바에 따르면 지난 50여 년 동안 자장면 가격과 시내버스 요금은 각각 50배와 120배 이상 올랐고 쌀값은 33배, 담배값과 택시기본요금은 각각 75배와 63배가 올랐지만, 소주값과 초코파이는 각각 20배와 6.6배가 올라 평균적인 소비자물가상승률 보다는 낮게 상승한 것으로 나타났습니다. 이처럼 소비자의 체감물가상승률은 재화에 따라 상당히 다름을 알 수 있습니다.

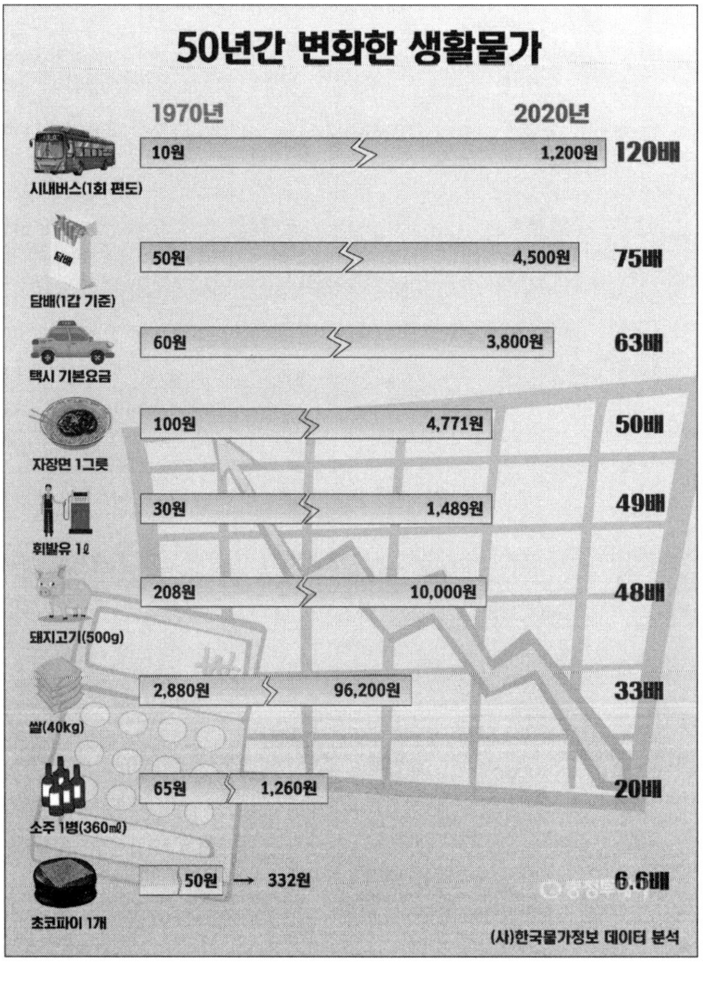

출처 : 충청투데이

2.4 국민총소득(GNI : Gross National Income)
国民总收入

앞서 배운 GDP가 한 나라내의 생산활동에 초점을 두고 나라 전체의 경제력이나 경제규모를 그 나라 국민전체가 벌어들인 명목 국민총소득을 가지고 판단한다면, 한 나라의 국민(거주자)의 소득은 국민소득 포괄범위에 따라 국민총소득(GNI), 국민처분가능소득(NDI) 등 다양한 지표로도 측정되고 있다. 또한 여러 나라 국민의 경제생활수준이나 후생수준 정도를 비교하는 데에는 1인당 국민소득을 많이 사용한다. 1인당 국민소득은 국민총소득(GNI)을 인구수로 나눈 것을 말한다.

이처럼 국내총생산과 함께 국민소득의 개념으로 많이 사용되는 개념이 국민총소득(GNI : Gross National Income, 国民总收入)이다. 국내총생산(GDP)이 한 국가의 영토 내에서 생산된 최종재의 가치인 반면 국민총소득(GNI)은 해당 국적을 가진 국민이 벌어들인 소득, 즉 일정 기간 동안 벌어들인 임금, 이자, 배당 등의 소득을 모두 합친 것이다. 즉 국내총생산은 한 나라 안에서 생산된 것은 모두 포함시켜 계산하며 생산의 주체가 어느 국적이든 상관하지 않는다. 반면 국민총소득은 생산 주체의 국적을 기준으로 하여 계산한다. 따라서 GNI는 GDP에서 우리나라 국민(거주자)이 외국에서 벌어들인 소득(국외수취 요소소득)은 더하고, 외국인(비거주자)이 우리나라에서 벌어들인 소득(국외 지급 요소소득)은 빼고 계산한다. 앞서 배운 국민총생산(GNP)과 다른 점은 국민총소득(GNI)의 경우는 교역조건(进出口贸易条件) 변화에 따른 실질무역손익(实际贸易损益)을 반영한다는 점에서 차이가 있다.

❖ GNI 정의

명목 국민총소득(GNI) = 명목국내총생산(GDP) + 명목 국외순수취 요소소득(국외수취 요소소득 – 국외지급 요소소득)

실질 국민총소득(GNI) = 실질 국내총생산(GDP) + 교역조건변화에 따른 실질 무역손익 + 실질 국외 순수취 요소소득

교역조건이란 수출가격을 수입가격으로 나눈 것으로 수출입 상품 간의 교환비율을 의미한다. 교역조건이 변화하면 생산 및 소비가 영향을 받게 되고 그로 인해 국민소득이 변화하게 된다. 예를 들어 교역조건이 나빠지면 동일한 수출물량으로 사들일 수 있는 수입물량이 감소하게 된다. 이는 소비나 투자에 필요한 재화의 수입량이 줄어들어 실질소득이 감소한 것을 의미한다. 이처럼 교역조건이 변화하면 실질소득이 영향을 받기 때문에 실질 GNI의 계산에는 「교역조건 변화에 따른 실질무역손익」이 포함되는 것이다. 「교역조건 변화에 따른 실질 무역손익」이란 교역조건의 변화로 인해 발생하는 실질소득의 국외유출 또는 국외로부터의 유입을 말한다.

❖ 주요 국민소득지표(国内生产总值)의 정의

- **GDP(Gross Domestic Product, 국내총생산)**는 한 나라 영역 내에서 가계, 기업, 정부 등 경제 주체에 의해 일정 기간 생산된 모든 최종 재화와 서비스를 시장 가격으로 평가한 것을 말한다. GDP에서 말하는 영역이란 경제 활동의 중심이 국내에 있다는 것을 말한다. GDP의 조사와 작성은 한국은행이 담당하며 분기, 반기, 연간 단위로 공표된다.
- **GNP(Gross National Product, 국민총생산)**는 한 나라 국민이 일정 기간 생산한 모든 최종 재화와 서비스를 시장 가격으로 평가한 것을 말한다. GDP가 영토 중심 개념인 반면, GNP는 국적이 중요한 기준이 된다. 현재 GNP 지표는 발표되지 않고, 이를 GNI(Gross National Income, 국민총소득)가 대신하고 있다.
- **GNI(Gross National Income, 국민총소득)**는 한 나라의 국민이 생산 활동에 참여한 대가로 받은 소득의 합계로서, 해외로부터 국민(거주자)이 받은 소득(국외수취 요소소득)은 포함되고 국내총생산 중에서 외국인에게 지급한 소득(국외지급 요소소득)은 제외된다.
- **GDI(Gross Domestic Income, 국내총소득)**는 실질 지표로 주로 나타내는데, 실질 GDI는 실질 GDP에서 교역 조건 변화에 따른 실질무역손익을 더한 것을 말한다.

따라서 이들 관계는 다음과 같이 나타낼 수 있다.

- 명목 GNI = 명목 GNP = 명목 GDP + 국외 순수취 요소소득
- 실질 GDI = 실질 GDP + 교역 조건 변화에 따른 실질무역손익

우리나라의 1인당 국민총소득은 1960년에는 79달러로 불과하여 100달러에도 미치지 못하는 세계 최빈국이었으나 1970년대와 80년대의 고속경제성장에 힘입어 1994년에 1만 383달러를 기록하여 처음으로 1만 달러를 넘어섰다. 하지만 그 후 외환위기(1997년 11월)를 맞아 다시 1만 달러를 하회하였으나 1999년 이후에 다시 성장세를 회복하여 다시 1만 달러를 넘었으며, 2006년에는 2만 달러를 넘어섰다. 그 후 2017년에는 3만 1,605달러를 기록하여 1인당 국민소득 3만불 시대를 비로소 열게 되었다. 이처럼 한국과 같이 최빈국에서 시작하여 경제선진국으로 성장한 사례는 세계경제사에서 그 유래를 찾기 힘든 성공적인 국가사례로 손꼽힌다.

반면 필리핀의 경우는 2차 세계대전 이후 아시아에서 일본에 이어 가장 부유한 나라로 촉망받던 국가였었다. 과거 1966년에 필리핀을 방문한 한국의 박정희 대통령이 필리핀의 마르코스 대통령 손을 잡고 어떻게 하면 한국이 필리핀처럼 잘사는 나라가 될 수 있는지 가르쳐 달라고 한 일화는 유명하다. 하지만 필리핀은 1960년에 1인당 국민소득이 214달러였으나 50년이 넘게 흐른 2020년에도 3,298달러에 그쳐 한국의 1인당 국민소득이 지난 65년간 398배 성

장하는 동안 필리핀은 고작 15배 성장하는 데 그쳐 지금은 아시아에서 가장 후진적인 경제가 되었다.

▸ 1966년 박정희 대통령의 필리핀 방문

그림 2 5 경제규모 및 1인당 GNI의 국제비교(2016년)

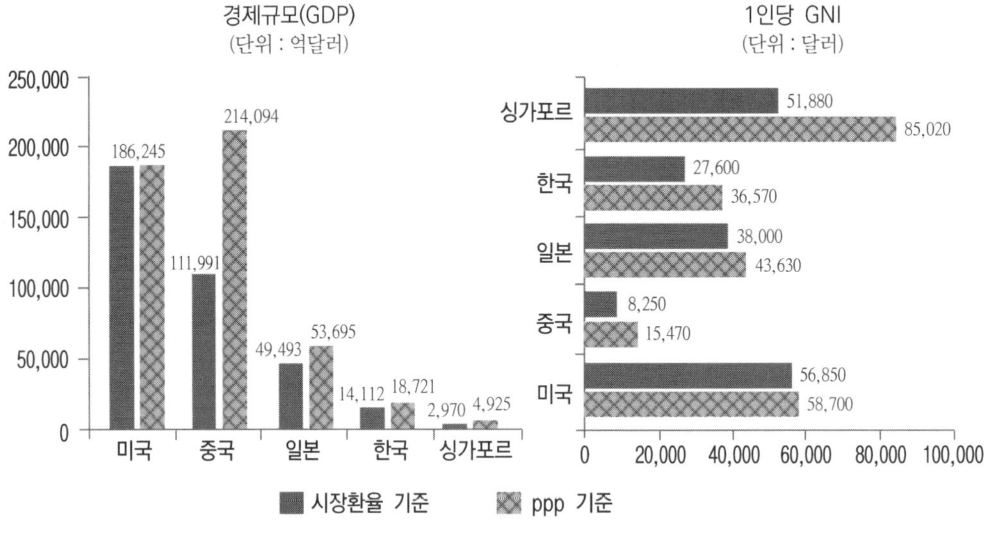

읽을거리 : 대한민국 1인당 국민소득, 이탈리아 진짜 추월했다

지난해 국민 전반의 생활수준을 보여주는 우리나라의 1인당 국민소득(GNI)이 주요 7개국(G7) 이탈리아를 넘어선 것으로 최종 확인됐다. 지난 2017년 3만 달러를 넘어선 우리나라는 이후 이탈리아를 근소차로 따라붙다 작년 코로나19 극복과정에서 사상 첫 순위 역전을 이뤄냈다.

세계은행(World Bank) 홈페이지에 게재된 국가별 1인당 GNI(미달러 기준)에 따르면 한국은 지난해 3만2,860달러를 기록, 1년 새 2.8%(930달러) 감소했다. 이탈리아는 3만2,200달러로 같은 기간 6.7%(2,330달러) 줄었다.

세계은행이 해당 통계 작성을 시작한 지난 1962년 이후 한국의 1인당 국민소득이 이탈리아를 추월한 건 이번이 처음이다. 1960년대만 해도 이탈리아는 우리나라의 10배에 달했다. 이후 점점 격차가 줄면서 1980년대엔 3～4배 수준으로 줄었고 2000년대 들어선 2배 아래로 축소됐다.

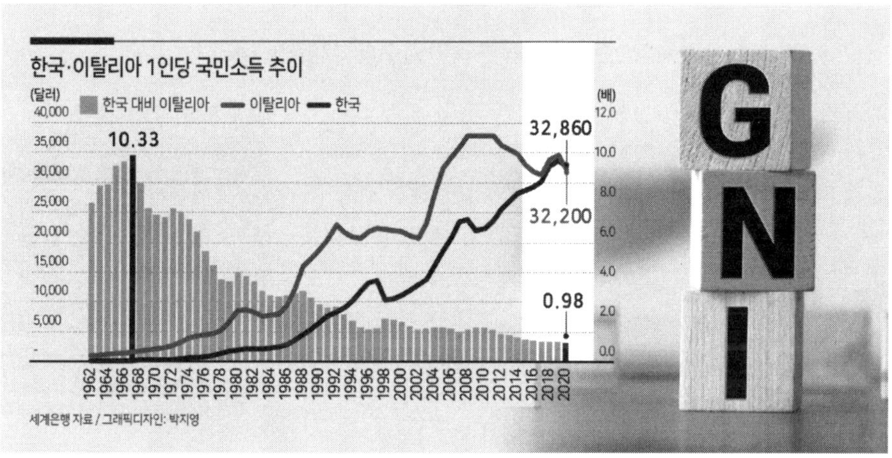

한국은행이 발표한 지난해 우리나라의 1인당 GNI는 3만 1,881달러로 세계은행 수치와 차이가 있다. 한은은 해당연도 평균환율을 적용해 산출하지만, 세계은행은 직전 3개연도 평균환율을 대입(아틀라스 방식)해 구하기 때문이다.

작년엔 코로나19란 돌발 요인으로 우리 국민의 생활수준이 이탈리아를 넘어섰지만, 산업구조상 대외변수에 덜 취약한 한국 경제의 펀더멘털(기초체력)이 부각된 결과란 긍정적인 평가도 나온다. 한은 관계자는 "이탈리아는 관광산업 비중이 높고 우리나라는 제조업 비중이 높아 봉쇄조치에 따른 타격이 달랐다"며 "코로나19 확산 정도와 각 정부의 대응방식 차이도 영향을 미친 것으로 보인다"고 분석했다.

그럼에도 아직 전체 경제 규모는 이탈리아가 앞선다. 세계은행에 따르면 작년 이탈리아 국민총소득은 1조 9,178억 달러로 1조 7,012억 달러인 우리나라와 2,000억 달러 가량 차이를 나타냈다. 국내총생산(GDP · 명목)도 이탈리아와 우리나라가 각각 1조 8,864억 달러, 1조 6,305억 달러를 기록했다.

우리나라는 지난해 2년 만에 세계 경제 10위권 진입에 성공하는 등 코로나19란 악조건 속에서도 비교적 진일보하는 성과를 나타냈다. 국제통화기금(IMF) 기준 지난해 우리나라의 GDP(명목 · 달러기준) 순위는 멕시코와 러시아를 제치고 2018년 이후 다시 10위에 올랐다. IMF 전망을 보면 우리나라의 GDP는 2024년 처음으로 2조 달러를 넘어서고 최소 2026년까지 현 순위를 유지할 것으로 보인다. 이탈리아의 GDP 순위는 인도, 프랑스에 이어 8위다.

한편 세계은행이 집계한 지난해 중국의 1인당 국민소득은 1만 610달러로 코로나19 확산 속에서도 전년대비 2.1%(220달러) 늘었다. 지난 2001년 처음으로 1,000달러 돌파 후 가파른 상승세를 이어가고 있는 중국의 국민소득은 머지않아 2만 달러대에 진입할 것이란 관측이다.

출처 : In the Money 2021.07.02.

좀더알아보기

지옥의 존재를 믿는 국가일수록 부유한 나라?

미국 세인트루이스 연방준비은행은 2004년 7월 세계 35개 국가를 대상으로 지옥의 존재를 믿는 비율과 1인당 국민소득 간의 관계를 연구한 '지옥에 대한 공포가 경제성장을 촉진시킬 수 있다(Fear of hell might fire up the economy)' 라는 보고서를 발표하였습니다.

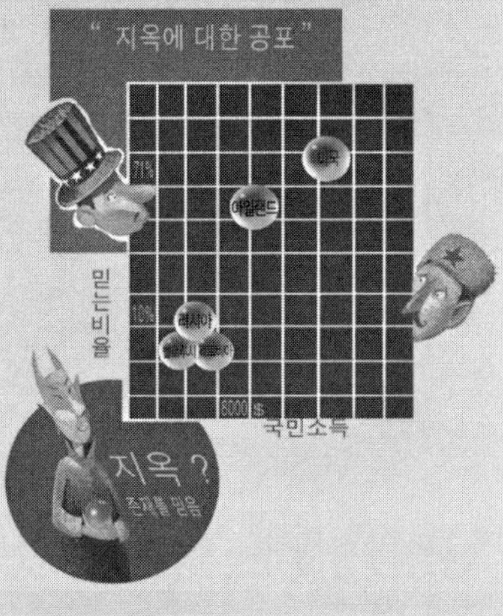

이에 따르면 지옥의 존재를 믿는다고 응답한 비율이 71%로 높게 나타난 미국은 2010년 중의 1인당 국민소득이 3만 4,320달러로 조사대상국 가운데 가장 높았으며 미국과 1인당 국민소득이 비슷한 아일랜드(3만 2,410달러)도 지옥을 믿는 비율이 53%로 비교적 높았습니다.

한편 지옥의 존재를 믿는 비율이 10% 내외에 불과한 러시아, 불가리아, 벨로루시, 라트비아의 1인당 국민소득은 8,000달러 정도라고 합니다.

이러한 결과에 대하여 보고서는 다른 모든 조건이 동일하나면 지옥의 존재를 믿는 경우 부정부패가 그만큼 줄어들어 1인당 국민소득이 증가할 수 있다고 해석하였습니다.

출처 : 한국은행

좀더알아보기

실질 국내총생산(GDP)과 실질 국내총소득(GDI)은 어떻게 다른가?

유엔의 국민계정체계는 한 나라의 국민소득을 생산지표와 소득지표로 구분하도록 권고하고 있습니다. 앞에서 살펴본 것처럼 국내총생산(GDP)이란 생산활동을 기준으로 측정한 것으로서 '한 나라의 국민과 외국인이 국내에서 생산한 최종생산물의 가치'입니다. 반면 국내총소득(GDI)은 생산활동을 통하여 벌어들인 소득의 구매력을 나타낸 것입니다. 두 지표는 당해 연도 가격으로 평가할 때에는 국민소득 3면 등가의 법칙에 따라 서로 같을 수밖에 없습니다.

그러나 기준년 가격으로 평가할 때에는 실질 GDP에 교역조건 변화에 따른 실질 무역손익을 합하여 실질 GDI를 구합니다. 양 지표는 비슷한 것 같지만 실제 크기는 다소 차이가 납니다. 실질지표에 있어서 두 지표가 서로 다른 것은 수출품과 수입품 가격 사이의 상대적 비율, 즉 교역조건에 변화가 오면 그 나라 국민의 실질 구매력에도 변화가 있기 때문입니다.

간단한 예를 들어 설명해 보겠습니다. 우리나라가 2021년에 반도체를 10만 개 생산해 1개당 10달러에 전량 수출하여 1백만 달러를 벌어들이게 되고, 이 번 돈으로 배럴당 100달러의 가격으로 원유 1만 배럴을 수입하였는데, 2022년 들어서 반도체 수출가격은 1개당 5달러로 떨어진 반면에 원유의 수입가격은 변화하지 않았다고 가정하여 봅시다. 이렇게 되면 2022년에 반도체 10만 개를 수출한 대금으로 수입할 수 있는 원유가 5천 배럴로 절반으로 줄어들게 됩니다. 즉 두 기간 중 국내총생산에 아무런 변화가 없어도 교역조건이 변화함에 따라 그 나라 국민의 실질 구매력이 줄어드는 결과가 나타난 것입니다. 우리들이 신문에서 지표경기와 체감경기 간에 괴리가 크다는 보도를 종종 보게 됩니다. 이는 실질 GDP 성장률과 국민들이 피부로 느끼는 실질 GDI 증가율 간에 큰 차이가 나는 상황을 말하는 것입니다.

출처 : 한국은행

2.5 GDP의 구성요소
国内生产总值的构成因素

한 나라가 한해에 생산하는 모든 최종재(最终产品)의 총가치를 측정하는 GDP는 생산적인 측면에서 국민소득을 측정하는 개념 즉 생산국민소득 개념이다. 그러나 이러한 생산국민소득(生产国民收入)으로 측정한 최종재는 지출적인 측면에서 보면 결국 소비자들이 사용하거나 기업이 생산설비를 갖추는 데 사용되거나 혹은 정부가 사용하거나 수출되어 외국 사람들이 사용하게 될 것이다. 이처럼 지출적인 측면에서 파악하는 것을 지출국민소득(支出国民收入)이라 하는데 이는 소비자의 소비지출, 기업의 투자지출, 정부의 정부지출, 수출에서 수입을 뺀 순수출(净出口)을 합한 것이 된다. 그리고 지출국민소득은 생산국민소득과 그 크기가 같다.

한편 분배적인 측면에서 볼 때 생산에서 얻은 총소득은 노동을 제공한 노동자에게 임금으로 지불되고, 토지를 제공한 지주에게는 지대(租金)로 지불되며, 자본을 제공한 자에게는 이자(利息)로 지불될 것이고, 나머지는 이윤의 형태로 주주에게 지급될 것이다. 결국 임금, 이자, 지대, 이윤 등과 같은 여러 가지 소득의 형태로 분배되게 된다. 따라서 이렇게 분배된 소득을 합한 분배국민소득(分配国民收入)은 결국 생산국민소득과 같아지게 된다.

이처럼 국내총생산은 여러 가지 측면에서 측정할 수 있는데 그 결과는 모두 같아진다. 즉 생산국민소득, 지출국민소득, 분배국민소득은 항상 같은 값을 가지며 이를 가리켜 국내총생산 삼면등가의 법칙(国内生产总值 三面等价定律)이라 한다.

그림 2 6 국민소득 3면 등가의 법칙

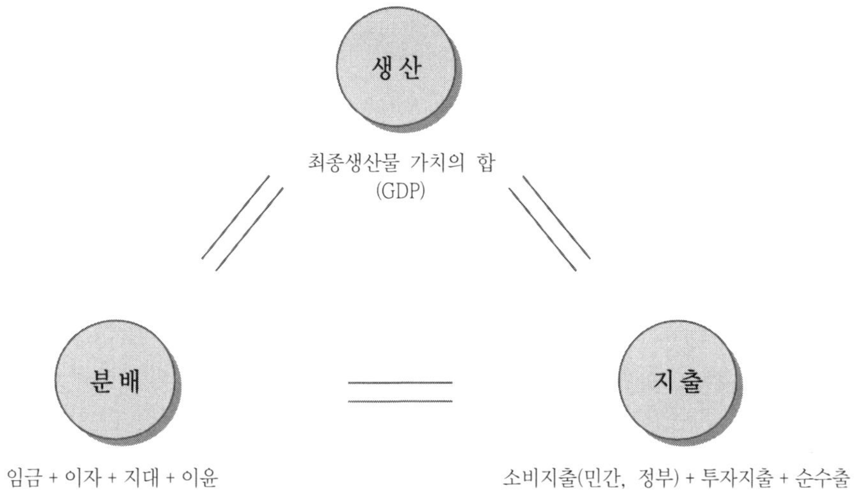

그림 2 7 국내총생산 삼면등가의 법칙

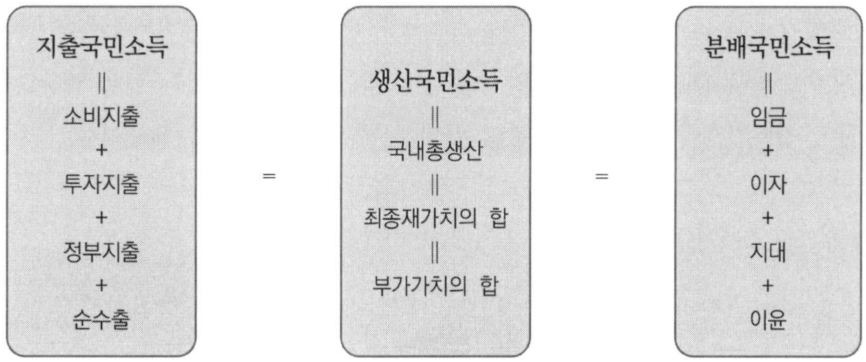

이상에서 국내총생산은 국내에서 생산된 모든 상품과 서비스에 대한 지출, 즉 소비, 투자, 정부지출, 순수출(凈出口)을 모두 합한 것과 같아진다는 것을 알았다. 이때 수출에서 수입을 뺀 순수출이 더해지는 것은 수입품에 대한 지출은 국내에서 생산된 상품에 대한 지출이 아니기 때문에 제외하며, 반면에 수출은 외국 사람이 국내에서 생산된 상품에 대해 지출하는 것이므로 포함시킨다. 이 같은 관계를 수식으로 정리해보면 다음과 같이 나타낼 수 있다.

$$GDP = C + I + G + (X - M)$$
$$= C + I + G + NX \tag{2.2}$$

즉 GDP는 소비지출 C, 투자지출 I, 정부지출 G와 순수출(= 수출 - 수입) NX을 합한 것과 같다.

- 소비(C : Consumption, 消费)는 가계에 의해 구입된 재화와 서비스의 가치를 말하며 내구재 소비(자동차, 가구와 같은 장기간 사용되는 재화), 비내구재 소비(음식, 의류와 같은 단기간 사용되는 재화), 용역 및 서비스(의료, 이발, 금융과 같은 무형의 노동)로 구성된다.
- 투자(I : Investment, 投资)는 자본재에 대한 지출 또는 미래에 사용하기 위해 구입한 물품을 의미하며 기업의 고정투자(기업에 의한 새로운 공장 및 시설의 구입), 가계의 주택에 대한 고정투자(가계 및 주택소유자의 신규주택에 대한 지출), 재고투자(생산물에 대한 기업재고의 증가)로 구성된다.
- 정부지출(G : Government Expenditure, 财政支出)은 정부에 의해 구매된 재화와 서비스를 가리킨다.
- 순수출(NX : Net Export, 净出口)은 수출에서 수입을 뺀 것으로 수입을 빼는 이유는 소비, 투자, 정부지출에 국내생산물 뿐만 해외생산물까지 포함되기 때문이다.

❖ 그 밖의 국민소득지표들

- **국민순생산(Net National Product, NNP)** : 국내총생산에서 감가상각을 뺀 것을 말한다. 감가상각이란 경제가 보유하고 있는 장비나 설비가 닳아 없어지는 것이다.
  즉, NNP = GDP - 감가상각
- **개인소득(Personal Income, PI)** : 가계나 비법인들의 영업소득을 말함
  즉, PI = NNP - 순간접세 - 사회보장부담금 - 법인세 - 사내유보이윤 + 대가계 이전지출
- **개인가처분소득(Disposable Personal Income, DPI)** : 가계와 비법인들이 정부에 세금을 납부한 후 보유하는 소득
  즉, DPI = PI - 개인소득세

표 2 3 주요 국민소득지표 포괄범위 비교(2017년, 당해년 가격 기준)

(단위 : 조원)

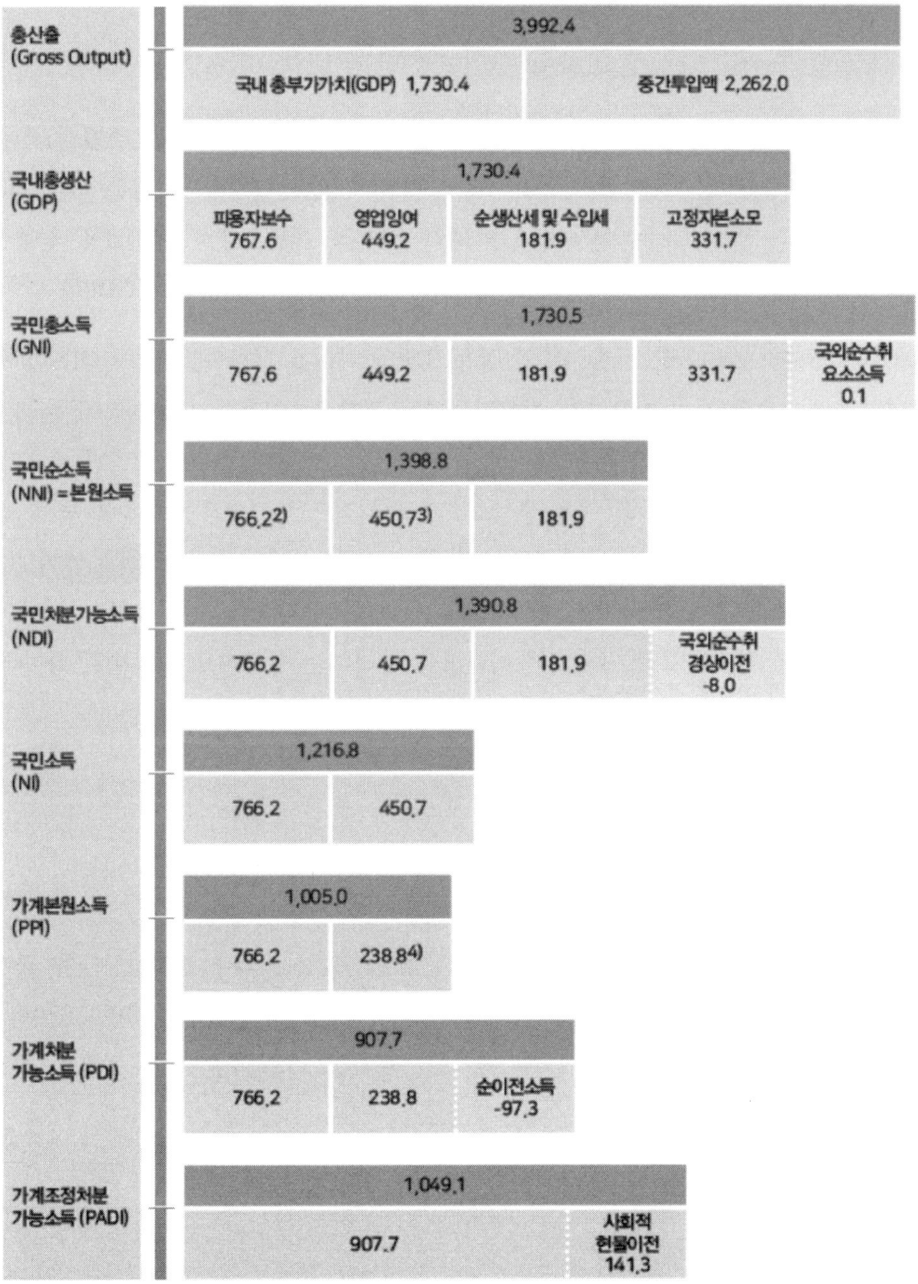

주 : 1) 반올림 등으로 인해 일부 수치 간 불일치가 있을 수 있음
2) 국외순수취 피용자보수 포함
3) 국외순수취 영업잉여 및 재산소득 포함
4) 가계의 영업잉여 및 재산소득

출처 : 「알기 쉬운 경제지표 해설」 한국은행, 2019

2.6 잠재GDP와 잠재성장률
潜在国民生产总值与潜在增长率

잠재GDP(潜在国民生产总值)는 노동과 자본 등의 생산요소를 완전고용(完全就业)하여 달성 가능한 최대 GDP 혹은 인플레이션(通货膨胀)을 유발하지 않고 달성할 수 있는 최대 경제성장치를 의미한다. 즉 잠재GDP는 실제GDP와 달리 장기적 개념으로서 완전고용 산출량(full-employment output) 또는 자연산출량(natural level of output)에 해당하는 GDP를 말한다.

한편 GDP갭(GDP gap)이란 실제GDP와 잠재GDP의 차이를 의미하는데, 이 GDP갭이 마이너스(-)이면 노동, 자본 등 생산요소가 정상적으로 온전히 다 사용되지 못하고 있는 상태 즉, 경기침체 및 실업이 존재하는 상황을 의미한다. 반대로 GDP갭이 플러스(+)이면 수요가 공급을 초과하여 초과수요가 발생하고 이에 생산요소가 일시적으로 정상적인 수준을 넘어 과잉 사용되는 상태 즉, 경제가 호황 또는 과열된 상황을 의미한다. 따라서 GDP갭이 마이너스(-)인 경우에 경기침체 상황에 대한 정부의 정책실패를 의미하는 지표로 사용되기도 하고, 반대로 플러스(+)인 경우에 경기과열로 인해 인플레이션을 우려하는 상황이므로 정부로 하여금 수요억제 등 경기안정화 정책을 요구하는 근거로 사용될 수 있다.

- 실제GDP < 잠재GDP → 경기침체, 실업 발생
- 실제GDP > 잠재GDP → 경기과열, 인플레이션 발생

잠재성장률이란 인플레이션을 유발하지 않고 달성할 수 있는 최대 경제성장률을 의미한다. 한국은 저성장, 저출산, 고령화로 인해 지속적으로 잠재성장률이 하락 중이며 2030년부터는 1%에도 못 미치는 0.8%로 떨어져 OECD 국가들 중 가장 낮은 수준이 될 것으로 예상된다.

읽을거리 : 한국 잠재성장률 0.8% 전망, OECD국 꼴찌

한국의 1인당 잠재 국내총생산(GDP) 성장률이 2030~2060년에 0%대로 떨어질 것이라는 전망이 나왔다. 경제협력개발기구(OECD) 국가 가운데 가장 낮은 수준이다.

8일 OECD가 최근 발표한 2060년까지의 재정 전망 보고서에 따르면 OECD는 정책 대응 없이 현 상황이 유지된다고 가정한 '기본 시나리오(Baseline Scenario)'에서 한국의 2030~2060년 1인당 잠재 GDP 성장률이 연간 0.8%가 될 것으로 내다봤다.

잠재GDP 성장률은 한 나라가 물가상승을 초래하지 않으면서 달성할 수 있는 최대 성장률로, 한 나라 경제의 기초체력을 보여주는 지표다. OECD는 한국의 1인당 잠재GDP 성장률이 ▶2000~2007년 연간 3.8% ▶2007~2020년 2.8% ▶2020~2030년 1.9% ▶2030~2060년 0.8% 등으로 계속 내려갈 것이라고 예상했다.

2000~2007년만 해도 한국의 1인당 잠재GDP 성장률은 OECD 내에서 상위권이었다. 2020~2030년에는 OECD 평균(1.3%)보다 성장률이 높지만, 2030~2060년에는 OECD 평균(1.1%)을 밑돌게 된다. 캐나다(0.8%)와 함께 38개국 가운데 공동 꼴찌가 된다.

"한국, 지속성장과 도태의 갈림길 … 과감히 규제 없애 생산성 높여야"

이는 한국이 속한 주요 20개국(G20) 선진국 그룹 평균(1.0%)보다도 낮다. 2030~2060년 미국·일본의 1인당 잠재GDP 성장률은 각각 1.0%, 1.1%로 추정됐다. 신흥국으로 분류되는 중국은 2.1%, 인도는 2.8%로 예측됐다.

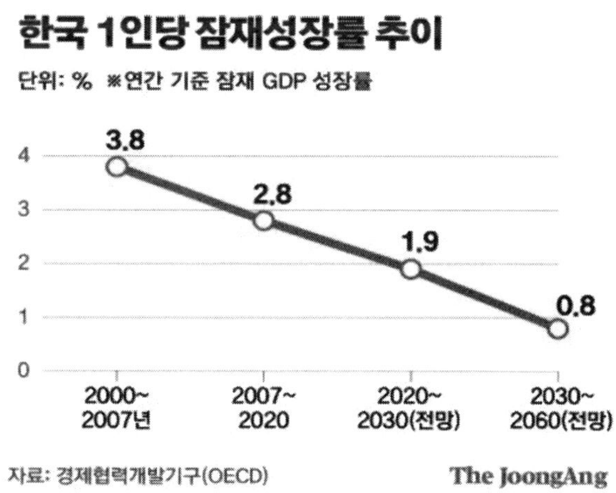

OECD는 "코로나19 팬데믹이 유발한 (성장세의) 하락과 반등 이후에는 OECD 국가와 G20 개발도상국 모두에서 성장세가 다시 점진적으로 둔화하기 시작할 것"이라며 "성장세는 인구구조가 변하고 생산성 향상이 둔화하면서 대체로 하락해 왔고 정책 변화가 없다면 향후 수십 년간 계속 약화할 것으로 예상된다"고 내다봤다.

한국의 1인당 잠재GDP 성장률이 큰 폭으로 하락하는 것은 저출산과 고령화에 따른 생산인구 감소 문제가 다른 나라보다 심각하기 때문으로 풀이된다. 여기에 내수시장은 쪼그라들고, 규제 · 노동 등에 대한 구조개혁은 미뤄지면서 기업 활동이 둔화한 것도 원인으로 꼽힌다.

이는 국가 재정 건전성을 위협한다. 저출산 · 고령화 여파로 앞으로 세금을 낼 사람은 줄어드는 반면, 세금의 수혜를 입어야 할 계층은 늘기 때문이다. 급증하는 복지 수요에 대비하기 위한 재정 여력을 비축해 둬야 하는데, 최근 한국의 국가채무 증가 추이는 지나치게 빠르다는 지적이 나오는 배경이다. 하지만 더불어민주당 이재명 대선후보를 비롯해 여당에서는 정부의 반대에도 재난지원금 추가 지급 목소리가 커지고 있다.

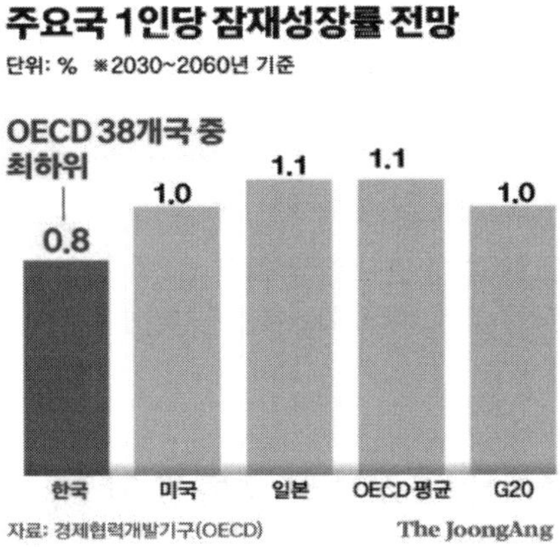

출처 : 중앙일보 2021.11.09.

2.7 GDP의 한계
国内生产总值的边际

GDP는 한 나라의 경제적인 가치의 총량을 측정하는 양적인 개념이다. 그러나 한편으로 GDP는 그 국가가 얼마나 행복한 상태인가를 측정하는 경제적 후생지표(经济福利指标)로도 가장 많이 사용되고 있다. 이는 국내총생산이 커질수록 그에 따른 소득과 지출도 커지게 되고, 지출수준이 높을수록 개인이나 국가의 소비수준도 커져서 보다 행복한 생활을 영위할 가능성이 높다고 보는 것이다. 즉 경제적 수준이 높을수록 교육이나 문화수준도 높아지고 그에 따라 삶의 질도 높다는 것이다.

그러나 GDP의 개념에는 시장(市场)에서 거래되는 상품의 가치만을 포함하기 때문에 상품 생산에 따른 공해(公害)나 수질오염과 같은 사회적 비용(社会的费用)을 고려하지 않는다. GDP만으로 그 경제의 후생이나 복지수준을 측정하게 되면 이를 과대평가하는 오류가 발생하게 된다. 또한 여가(余暇)를 갖지 않은 채 생산만 하면 소득은 높아지겠지만, 소득이 아무리 높다고 해서 공기오염이나 수질오염으로 인해 열악한 환경에서 일만 하고 사는 것이 반드시 행복한 것만은 아닐 것이다.

GDP에는 전업주부(专业主妇) 여성의 가사노동(家务劳动)이 갖는 경제적 가치나 자원봉사와 같은 시장에서 평가되지 않는 활동 등은 포함하지 않고 전체적인 소득의 총량만을 따질 분이다.

또한 그 안에 소득분배(收入分配)가 얼마나 공정하게 이루어지고 있는가 하는 문제도 고려하지 않는다. 따라서 GDP가 아무리 높아도 빈부격차(贫富差距)가 심해 대다수 국민이 빈곤에 시달린다면 행복한 나라라고 할 수 없을 것이다.

GDP에는 사채와 같은 지하경제, 길거리의 노점상, 마약, 매춘, 밀수와 같은 불법적인 지하경제(地下经济), 불법과외와 같은 음성거래 등을 포함하지 못한다. 따라서 GDP에는 그 경제 안에서 실제 발생하고 있는 경제활동을 제대로 포함하지 못하기 때문에 한계를 지닐 수밖에 없다.

좀더알아보기

소득분배도 1인당 국민소득처럼 중요

한 나라 국민의 복지수준은 전체 국민의 평균적인 1인당 국민소득 못지않게 구성원 간 소득격차에 따라서도 크게 다를 수 있습니다. 이는 한 나라 국민의 소득격차가 커지면 못사는 사람의 상대적인 박탈감이 더욱 커져 정치 · 사회적인 문제가 일어날 수 있기 때문입니다. 우리나라도 경제규모가 확대되고 국민의 의식수준이 높아짐에 따라 소득격차의 축소를 통해 삶의 질을 높이려는 욕구가 늘어나고 있습니다.

국민소득의 분배상태를 측정하는 방법으로 보통 로렌츠곡선과 지니계수를 이용합니다. 로렌츠곡선은 한 나라 국민의 소득분배상태를 파악하기 위해 인구의 누적비율과 소득의 누적점유율과의 관계를 나타낸 곡선을 말합니다. 그림에서 로렌츠곡선은 O, L_1, L_2, O'를 연결한 것입니다. 그리고 OO'선은 인구의 누적비율과 소득의 누적점율이 같게 되어 완전균등분배, OTO'선은 그와 반대로 완전불균등 소득분배가 됩니다.

로렌츠곡선

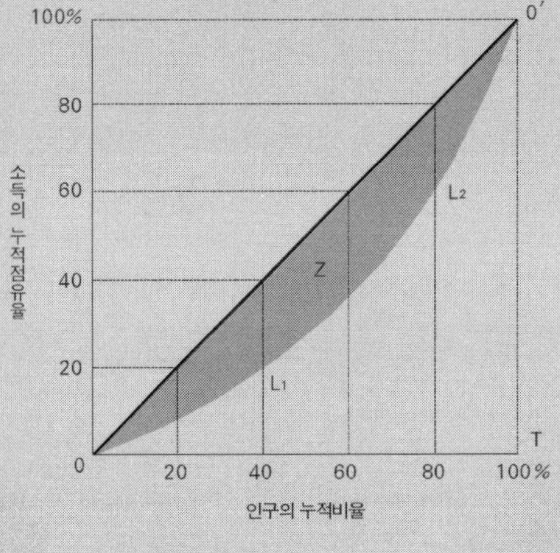

한편 지니계수($\dfrac{Z\text{의 면적}}{\triangle OTO'\text{의 면적}}$)는 로렌츠곡선과 소득의 완전 균등분배를 나타내는 대각선(OO') 사이의 면적이 얼마나 되는가를 비율로 나타낸 것입니다. 지니계수가 '0'에 가까울수록 소득격차가 적은 것을, '1'에 가까울수록 소득격차가 큰 것을 나타냅니다.

우리나라의 경우, 지니계수(통계청, 처분가능소득 기준)가 2011년에 0.388이후 지속적으로 하락하고 있고 2020년에는 0.331을 기록하고 있어서 한국의 소득분배지표는 조금씩 개선되고 있음을 말해주고 있다.

출처 : 한국은행

❖ GDP개념의 한계

① 시장을 통하지 않는 상품이나 서비스의 거래는 계산에서 제외된다. 지하금융, 지하경제, 주부의 가사노동, 불법과외 등
② 공해나 수질오염과 같은 환경오염 등은 GNP에 고려되지 않는다.
③ 소득분배의 공정성은 고려되지 않는다.

그러나 GDP개념은 위와 같은 한계점들에도 불구하고 경제의 후생수준을 측정하거나 여러 국가들 간에 경제적 수준을 비교할 때에도 이를 사용하고 있다. 이는 한계점으로 지적된 문제들이 실제로 계량적으로 측정하기 어렵고, 객관적인 측정기준을 세우기도 어렵기 때문이다. 가령 자동차 1대를 생산하게 되면 GDP는 그만큼 늘어나고 이때 오염비용(污染費用)이 정확히 측정된다면 생산액에서 오염비용을 빼주면 가장 정확한 경제의 후생을 나타내게 될 것이다. 하지만 현실적으로 생산에 따른 오염비용이 얼마나 되는지, 즉 이 생산에 따라 공해나 수질, 환경오염이 과연 얼마나 발생했는가를 측정하기란 매우 어렵고 이를 또한 금액으로 환산하기도 어렵다. 그 이유는 이러한 사회 · 경제적 비용을 금액으로 환산하려면 그 생산에 따라서 오염정화비용이 얼마가 소요되는지, 환경오염으로 인해 암과 같은 의료비용이 얼마가 발생했는지를 계산해야 하는데 이를 측정하고 입증하는 것이 어렵기 때문이다.

❖ 새로운 경제지표 : 경제후생지표(MEW)

- **MEW(Measure of Economic Welfare) 혹은 NEW(New Economic Welfare)**

  MEW = GNP + 가정주부의 서비스 가치 + 여가의 가치 − 공해비용
- **문제점** : 객관적 수량화가 어려움(특히 여가나 공해의 경우)

좀더알아보기

삶의 질을 측정하는 척도로서의 GDP

국민소득통계는 환경오염이나 여가, 건강 등 인간의 행복이나 삶의 질에 영향을 미치는 요인들을 측정하는 데 한 계가 있다는 비판을 받아왔다. 예를 들어 공장에서 대기나 수질을 악화시키는 공해 물질이 방출되면 인근 주민들의 삶의 질이 나빠지지만 국민소득통계에는 드러나지 않는다. 또한 독감이 유행하여 의료비 지출이 늘어나면 후생수준이 나빠졌음에도 불구하고 국민소득은 증가할 수 있다.

2008년 프랑스의 니콜라 사르코지 대통령은 삶의 질을 반영하는 지표로서 국민소득통계의 한계를 극복하자는 취지로 '스티글리츠 위원회'를 설립하고 이듬해 보고서를 발표했다. 부탄의 '국민행복지수(GNH: Gross National Happiness)', 유엔개발계획(UNDP)의 '인간개발지수(HDI: Human Development Index)', 경제협력개발가구(OECD)의 '더 나은 삶 지수(BLI : Better Life Index)' 등이 대표적인 후생지표이다.

이러한 노력에도 불구하고 아직은 국민소득통계를 대체할 만한 지표가 없는 것이 현실이다. 특히 국민소득통계는 국제기준에 따라 체계적으로 작성되기 때문에 시계열분석이나 국가 간 상호비교가 가능하다는 측면에서 매우 큰 장점을 가지고 있다. 반면 행복지수는 삶의 만족도와 같이 주관적인 항목을 포함하고 있어 통계의 신뢰성과 일관성을 확보하기 어렵다는 단점이 있다.

최근에는 삶의 질 측정을 위해 완전히 새로운 지표를 도입하기보다는 기존의 방법을 보완하려는 움직임이 지지받고 있다. 예를 들면 그 동안 독자적으로 발전해온 국민계정과 같은 거시통계와 서베이 중심의 미시통계를 연계해 가계부문에 대한 모니터링을 강화하는 방안이 대안으로 제시되고 있다. 또한 가계소득 분위별 소비, 저축, 자산, 부채의 상황이나 불평등 정도를 파악하는 지표를 마련하는 방안이 OECD 등 국제기구를 중심으로 활발히 논의되고 있다.

출처: 한국은행

좀더알아보기

환경계정과 Green GDP

환경계정이란 1993년 UN이 경제활동과 환경간의 상호관계를 체계적으로 분석하기 위하여 국민계정의 위성계정 형태로 새로 도입한 「환경 · 경제통합계정」(System of integrated Environmental and Economic Accounts, SEEA)을 말한다.

환경계정은 기존 국민계정의 편제 대상이 시장에서 거래되는 경제자산에만 국한되어 환경오염이나 자원고갈 등으로 인한 경제사회적 비용을 반영하지 못하는 한계를 보완해 주기 위한 것으로서 산림 · 지하자원과 같은 자연자산이나 물 · 공기와 같은 환경자산도 경제자산과 마찬가지로 재화와 서비스의 생산에 이용되는 자산으로 취급하여 동 자산의 기초 · 기말 스톡과 기간 중 변동을 국민계정구조 형식에 따라 기록하도록 하고 있다. 즉 광물 채굴 또는 산림 벌채 등에 따른 자연자산의 감모나 환경오염에 따른 환경자산의 질적 악화 등 사회적 환경손실을 화폐로 평가하여 이를 기존의 국민소득지표인 국내순생산(NDP)에서 차감, 「환경요인 조정 국내순생산」(Environmentally adjusted net Domestic Product, EDP)을 추계하게 된다. 언론이나 일부 학계에서 사용하고 있는 'Green GDP'는 이 EDP에 가까운 개념이라 할 수 있는데 국민계정상의 공식개념이나 명확히 정의된 학술적인 개념은 아니다.

이와 같은 환경계정의 편제는 환경보존 없이는 지속적인 경제개발이 불가능하다는 이른바 '지속가능개발'(Sustainable Development)의 관점에서 경제정책과 환경정책을 통합 운용하는데 있어 중요한 의의를 갖는다.

한국은행은 환경계정 편제를 위한 준비작업으로 1995년부터 환경오염방지지출(PAC : Pollution Abatement and Control Expenditure)통계를, 2003년부터 환경보호지출 및 수입(EPER : Environmental Protection Expenditure and Revenues) 통계를 편제해 왔으며, 2008년 1월에는 환경계정의 핵심계정인 2004 ~ 2006년 환경보호지출계정(EPEA : Environmental Protection Expenditure Accounts)을 개발 · 공표하였다.

한편 정부(환경부)와 한국은행은 환경통계의 정책적 활용도 제고 차원에서 환경부가 통계편제를 담당하는 것이 바람직하다는 데 합의하고 2007년 환경보호지출계정 편제를 공동으로 진행했으며 2008년 환경보호지출계정부터는 환경부가 단독으로 편제하고 있다.

출처 : 한국은행

Chapter 02 Summary

1. 국내총생산
   일정기간동안 한 나라 안에서 생산된 모든 최종적인 재화와 서비스의 시장가치의 합

2. GDP는 지역중시 개념, GNP는 국적중시 개념

3. 명목 GDP와 실질 GDP
   ① 명목 GDP(Nominal GDP) : 재화와 서비스의 현재 시장가치로 계산 → 국민총소득의 크기, 1인당 국민소득, 산업구조 등을 파악하는데 주로 이용
   ② 실질 GDP(Real GDP) : 주어진 기준년도의 시장가격으로 계산 → 경제성장률 계산, 국민경제가 장기적으로 어떻게 변화하는가를 알아보는 데 사용

4. GDP 디플레이터
   명목 GDP를 실질 GDP로 나눈 것을 말함. 경제전체의 전반적인 물가변화를 파악할 때 사용함.

$$GDP\ \text{디플레이터} = \frac{\text{명목}\ GDP}{\text{실질}\ GDP} \times 100$$

5. 국내총생산 삼면등가의 법칙
   생산국민소득, 지출국민소득, 분배국민소득은 항상 같은 값을 가짐.

6. GDP는 소비지출 C, 투자지출 I, 정부지출 G와 순수출(= 수출 - 수입) NX을 합한 것과 같음.

$$\begin{aligned} GDP &= C + I + G + (X - M) \\ &= C + I + G + NX \end{aligned}$$

7. GDP개념의 한계
   ① 시장을 통하지 않는 상품이나 서비스의 거래는 계산에서 제외된다. 지하금융, 지하경제, 주부의 가사노동, 불법과외 등 불포함.
   ② 공해나 수질오염과 같은 환경오염 등은 GDP에 고려되지 않음.
   ③ 소득분배의 공정성은 고려되지 않음.

Chapter 02 Example of Exam.

1. 국민경제의 소득순환과정을 그림을 그리고 설명하라.

2. GDP의 정의와 GNP와의 차이점에 대해 설명하라.

3. GDP와 국부와의 차이점을 설명하라.

4. GDP 디플레이터에 대해 설명하라.

5. 실질 GDP와 명목 GDP의 차이점을 설명하라.

6. GDP 개념의 한계와 새로운 경제지표에 관해 설명하라.

Chapter 03 경기변동과 경기예측
经济状况与经济周期

- 경기순환(경기변동) 经济周期
- 경기조절정책 经济调整政策
- 경기예측(경기진단) 经济预测

3.1 경기의 의미
经济状况的意思

우리는 주변에서 경제에 관한 얘기를 할 때 경기가 좋다거나 나쁘다거나 하는 얘기를 자주 듣게 된다. 경기(景气)란 개인에 따라 기업에 따라 판단이 다를 수 있지만 대개 기업이 매출이 늘거나 이익이 증가할 때, 개인은 장사가 잘 되어 소득이 늘거나 주식이나 집값이 오를 때 보통 "요즘 경기가 좋다, 호황이다"(好景气, 生意好)라고 한다. 정반대의 경우에는 "요즘 경기가 나쁘다, 불황이다"(不景气, 萧条)라고 말한다.

경기(Business condition, 经济状况)란 경제활동의 전반적인 흐름에 대한 평가이다. '경기가 좋다'(生意景气)는 것은 생산, 소비, 투자, 고용과 같은 국가 전체의 경제활동이 보통 수준 이상으로 활발함을 의미하고 반대로 '경기가 나쁘다'(生意不景气)는 것은 경제활동 수준이 활발하지 못함을 의미한다.

그러나 경기는 각자 처한 상황이나 여건에 따라 서로 크게 다를 수 있기 때문에 정확한 경기판단(景气判断)을 내리기는 쉽지 않다. 하지만 현재의 경기를 진단하고 향후 경기를 예측하는 일은 매우 중요하다. 왜냐하면 기업들은 경기를 정확히 파악해야만 올바른 투자(投资)와 생산(生产)을 할 수 있다. 만일 경기가 불황에 들어서는 국면에서 어떤 기업이 투자와 생산을 늘린다면 그 기업은 실패할 가능성이 높기 때문이다. 개인들은 주식이나 부동산과 같은 자산을 경기 상황에 따라서 잘 운용해야만 재산을 늘릴 수가 있다. 또한 정부는 고용안정과 물가안정을 유지하기 위해서는 경기 상황에 맞게 정책을 운용하여만 한다.

3.2 경기순환
经济周期

경기는 장기적인 성장추세를 중심으로 오르고 내리고를 반복하는 특성을 가지고 있다. 이를 우리는 경기변동(Business Cycle, 经济周期) 또는 경기순환(经济循环)이라 한다. 경기변동은 기업의 투자에 따른 수요충격, 통화량의 변화, 불완전정보에 의한 기대, 기술이나 생산성 변동과 같은 경제내의 여러 가지 실물 및 화폐적 요인에 의해 발생되어진다.

경기의 순환주기(순환과정)는 크게 나눠서 상승국면(확장국면)과 하강국면(수축국면)으로 나눠지며, 이들 국면은 다시 세부적으로 상승국면[회복기(复苏) → 확장기(繁荣)](호경기) → 하강국면[후퇴기(衰退) → 수축기(萧条)](불경기)로 구분된다.

❖ **경기순환주기**(经济周期)
경기의 정점에서 다음 정점까지 또는 저점에서 다음 저점까지의 기간

그림 3 1 경기의 순환과정

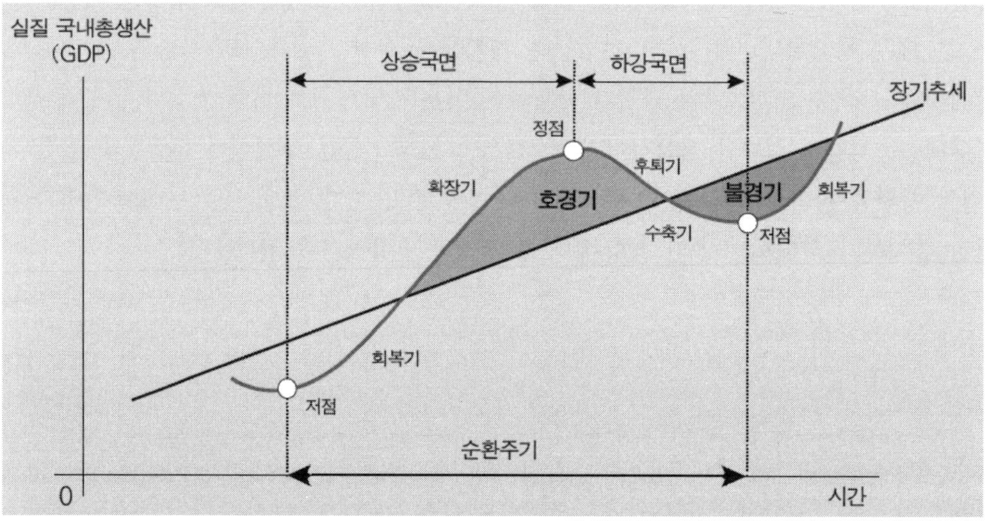

경기변동(흐름)에 따라 기업은 생산 및 시설투자를 조정하고, 개인은 소비와 저축을 조정하게 된다. 즉 경기가 호전될 것이라고 예상되는 경우에 기업은 투자를 증대시키고, 개인은 소비를 증가(저축감소)시키게 된다. 반면 경기 악화가 예상된다면 기업은 투자를 감소시키고, 개인은 소비를 감소(저축증가)시킬 것이다.

❖ 경기변동(经济周期)

경기가 장기적인 성장추세를 중심으로 반복하여 오르고 내리고 하는 것

그림3 2 경기순환의 4국면

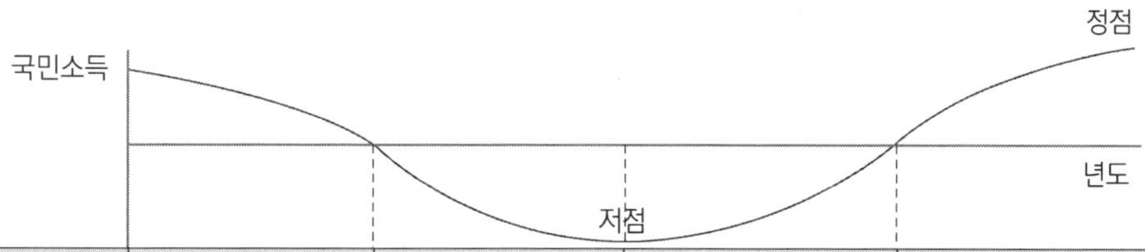

국면 / 특징	후퇴기	불경기	회복기	호경기
생산, 판매, 고용	감 소	최 저	증 가	최 고
소득, 소비, 투자	감 소	최 저	증 가	최 고
이자율	하 락	최 저	상 승	최 고
실업, 재고	증 가	최 고	감 소	최 저
특 징	생산의 둔화와 재고의 증가로 기업의 이윤율이 감소하기 시작한다.	실업이 누적되며, 경제 활동을 축소 조정하는 어려움이 따른다.	생산이 활기를 띠기 시작하며, 소비와 투자, 고용이 모두 증가하기 시작한다.	경제가 활성화되며, 소비재 생산 및 투자가 증가하며, 경기가 과열되어 인플레이션이 따른다.
경제 안정화 정책		정부 지출 증대 조세 삭감 통화량 증가		정부 지출 축소 조세 증대 통화량 감소

우리나라의 경기순환 과정은 매우 불규칙적이고 비대칭적인 형태로 나타났으며 1970년대 이후의 경기변동 중 가장 긴 주기는 67개월이었고 가장 짧은 주기는 35개월로 나타났다. 한 주기 내에서 상승국면의 지속기간은 평균 31개월, 하강국면의 지속기간은 평균 18개월로 나타나 경기 상승국면에 비해 하강국면은 대체로 짧고 급격하게 진행되었다.

그림 3 3 우리나라의 경기순환

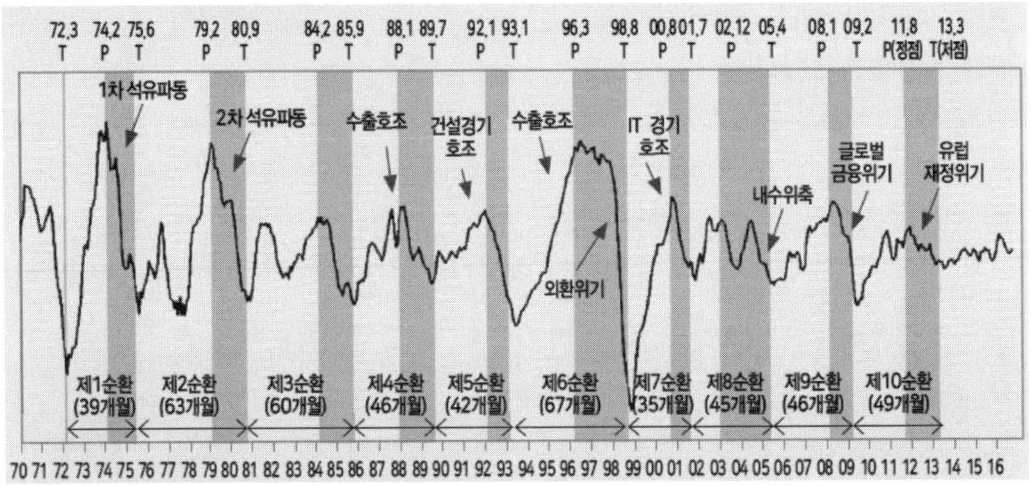

자료 : 통계청, 한국은행

우리나라의 경기순환 주기는 1997년 외환위기 이후 짧아지고 있는 가운데 경기순환이 공식적으로 공표된 1972년 3월부터 1998년 8월까지 평균 확장기는 34개월, 수축기는 19개월로 총 53개월의 순환주기를 기록했다. 반면 1998년 8월부터2013년 3월까지 평균 확장기는 26개월, 수축기는 18개월로 총 44개월의 순환기를 나타냈다. 즉 순환주기가 줄어들고 있는 것이다.

실질 국내총생산(GDP) 추세로부터의 차이를 나타내는 경기순환의 진폭은 외환위기 이전에는 －4%에서 +4%였으나 2013년부터는 －0.5%에서 +0.5% 수준으로 진폭이 점차 작아졌다.

확장기와 수축기 별로 경제성장에 기여하는 정도를 평가해 보면 수출의 호조에 따른 수출 및 소비 증가가 확장기를 유도하고 투자부문의 부진이 수축기에 영향을 미치는 것으로 분석되어 우리나라가 수출중심 경제의 전형적인 경기패턴을 보인다는 것을 알 수 있다. 즉 수출호조에 따른 소득 및 소비 증가에 따라 경기 확장이 발생하고 수출이 부진해지면 기업의 투자가 정체되어 경기변동 상 수축기가 발생하는 것이다.

최근 실질 GDP성장률의 지출부분별 기여도를 보면, 2016~2017년 높은 수준을 보인 설비투자 및 건설투자의 성장기여도가 2018년부터는 마이너스(－)로 전환됐다.

읽을거리 : 경기를 판단할 때 V, U, L, W자는 무슨 의미인가요?

어떤 나라의 경기가 앞으로 어떤 모습을 보이며 회복될까를 설명하면서 자주 V, U, L, W자 등이 인용되고 있습니다. 시간의 경과에 따른 경기순환 모습을 그림으로 그렸을 때 그 모양에 따라 경기회복이 빠르면 V자, 다소 느리면 U자, 일본의 '잃어버린 30년'과 같이 장기불황인 경우에는 L자, 경기가 좋아졌다 나빠졌다를 반복하며 바닥을 두 번 친 경우를 W자 또는 더블 딥(double dip)이라 합니다. 또한 장기불황의 유형을 표현할 때 '일본형'과 '아르헨티나형' 등으로 구분하기도 합니다. '일본형'이란 1990년대 초반의 주가 지가 등 자산가격 버블의 붕괴(1980년대 자산가격이 약 4배 폭등한 후 1990년대에는 동 가격이 1/4로 폭락)에다 산업경쟁력 약화가 가세하여 발생한 경우이고, '아르헨티나형'은 반시장 인기영합주의(포퓰리즘, populism) 경제정책에 따른 방만한 재정운용과 만성적인 재정적자 그리고 구조조정의 실패와 정치불안정에 의해 경기침체가 지속된 경우를 말합니다.

출처: 한국은행

3.3 경기조절정책
经济调整政策

경기변동이 급격하게 이뤄질 경우 실업(失业)이나 인플레이션(通货膨胀)을 유발하여 경제에 안좋은 영향을 미치게 되므로 정부는 경기변동폭을 줄여서 고용안정과 물가안정을 도모하고자 한다. 이처럼 경제를 안정시키기 위해서 사용하는 정책을 정부의 경기조절정책이라 하며 그 정책수단으로는 금리(통화량)와 재정지출(조세)을 사용한다.

경기의 하강속도가 매우 급격하게 이뤄지는 것을 경기 경착륙(hard landing, 硬着落)이라 하며 이러한 경기의 급격한 위축은 경기침체로 이어지고, 심한 경우에 공황(恐慌, depression)이 되기도 한다. 반면 경기가 서서히 하강하는 것은 경기 연착륙(soft landing, 软着落)이라 한다.

그러나 정부의 이같은 경기조절정책(景气调节政策)이 항상 성공하는 것은 아니다. 정부의 경제정책이 실패하는 대표적인 이유 중의 하나가 정책시차(time lag, 时差)의 존재인데, 만일 정부가 정확한 경기 판단을 실패할 경우 경기변동 폭을 줄이기는 커녕 오히려 확대시킬 가능성도 있다. 예를 들면 정부가 만일 경기회복기에 경기확대정책(금리인하, 재정지출확대) 시행하게 되면 그 정책효과가 호경기에 나타나 경기를 과열시키고, 인플레이션을 심화시키게 된다. 반면 경기후퇴기에 경기축소정책(금리인상, 재정지출감소)을 시행하면 정책효과가 불경기에 나타나게 되어 경기침체가 가속되고 실업은 더욱 늘어나게 된다. 이상에서 알 수 있듯이 경기예측 또는 경기판단은 정부, 기업, 개인 모두에게 있어 매우 중요하다.

좀더알아보기

자동안정화장치

경기가 좋거나 나쁠 때 정부가 의도적으로 정부지출과 세율을 변경시키지 않아도 자동적으로 재정지출과 조세수입이 변하여 경기변동의 크기를 완화시킵니다. 즉 경기가 좋으면 자동적으로 정부의 조세수입이 증가하여 지나치게 경기가 과열되는 것을 방지하고, 경기가 나쁠 때는 자동적으로 정부수입이 감소하여 경기가 지나치게 침체되는 것을 방지합니다. 자동적으로 경기를 조절하는 재정의 기능을 자동안정화장치(automatic stabilizer)라고 합니다.

자동안정화 장치의 대표적인 예로 누진소득세제, 고용보험이 있습니다. 경기가 나쁠 때는 정부의 별도 조치가 없어도 납세자들이 세금을 적게 내고 실직자들은 실업급여를 받게 됩니다. 이는 소비지출을 덜 줄어들게 하므로 경기가 지나치게 나빠지는 것을 억제합니다. 그러나 경기가 좋을 때에는 그 반대의 움직임을 보여 경기를 진정시키는 효과를 가져옵니다.

현실경제에서 누진소득세제와 고용보험제도가 경기변동을 완전히 막을 수 있을 정도로 강력한 것은 아니지만 이러한 장치들이 없었다면 경기변동이 지금보다 훨씬 더 컸을 것입니다.

출처: 한국은행

3.4 경기 예측 또는 경기진단
经济预测

경기예측이란 경기 상황을 파악하거나 장래의 경기를 예측하는 것을 말한다. 경기를 예측하는 방법에는 경제지표에 의한 방법, 종합경기지표에 의한 방법, 설문조사에 의한 방법, 계량모형에 의한 방법 등이 있다.

경제지표를 이용하는 방법은 앞서 배운바 있는 국민소득과 같은 통계를 이용하는 것이다. 그러나 국민소득통계는 경제상황을 나타내는 가장 정확한 통계이나 그 통계작업이 방대하여 이를 통해서 신속하게 현재의 경기상황을 파악하거나 가까운 장래의 경기를 예측하기가 어렵다. 따라서 대개는 매월 발표되어 비교적 속보성이 있는 산업생산지수, 도소매판매액지수, 수출입통계 등을 이용한다. 그러나 이들 통계 역시 개별적인 동향을 파악하기는 용이하나 전체적이고 포괄적인 동향을 파악하기는 쉽지 않다.

다음으로는 종합경기지표(CI : Composite Index, 综合商情指数)를 이용하는 방법인데, 경기와 밀접한 관련이 있는 소비, 투자, 수출입동향, 생산관련 경제지표를 종합적으로 이용하여 매월 통계청이 작성발표한다. 종합경기지표의 작성내용을 좀 더 구체적으로 살펴보면 소비관련 지표로는 도소매판매액지수, 소비재출하지수, 소비재수입액 등이 이용되며, 투자관련 지표로는 건축허가면적, 국내건설공사수주액, 시멘트출하량, 국내기계수주액, 기계류수입액 등이 이용된다. 수출입동향 관련 지표로는 수출액, 수출신용장(L/C)내도액, 수입액 등이 이용되고 생산활동관련지표로는 산업생산지수(Industrial Production Index, 工业生产指数), 생산자출하지수, 생산자제품재고지수, 제조업 생산능력지수, 제조업가동률 등의 통계가 사용된다.

경기종합지수는 동행지수, 선행지수, 후행지수 등 크게 3가지로 나뉘는데, 선행지수는 통상 3 ~ 10개월 후의 경기동향을 예측하는 지수이며, 동행지수는 조사시점의 경기수준을 파악하며, 후행지수는 조사시점으로부터 3 ~ 10개월 전의 경기 상황을 나타낸다.

동행지수(同步指标)는 현재의 경기상태를 알려주는 것으로 모두 10개의 지표를 종합해 만든다. 이 지표에는 비농가취업자수, 산업생산지수, 제조업가동률, 전력사용량(제조업), 도소매판매액, 비내구 소비재 출하, 수출액, 수입액 등이 포함된다.

선행지수(先行指标)는 가까운 장래의 경제동향을 나타내는 것으로 통화량처럼 미래 경제활동 수준에 큰 영향을 미치는 지표나 수출신용장과 같이 앞으로 일어날 경제현상을 예시하는 지표로 구성된다. 즉 총유동성, 종합주가지수, 재고순환지표, BSI, 설비투자추계지수, 건축허가면적 등이 사용된다.

후행지수(滞后指标)는 경기변동을 사후에 확인할 수 있는 지표이다. 여기에는 이직자수, 상용근로자수, 생산자제품 재고지수, 내구 소비재 출하지수, 회사채 유통수익률 등의 통계가 사용된다.

전월에 비해 경기종합지수가 정(+)이면 경기상승을, 부(-)일 경우에는 경기하강을 나타낸다. 경기종합지수의 증감률 크기에 따라 경기변동 진폭까지 알 수 있으므로 이를 통해 경기변동 방향, 국면 그리고 속도까지 동시에 분석할 수 있다.

표 3　1　경기종합지수의 구성지표

선행종합지수	동행종합지수	후행종합지수
입직자수/이직자수(제조업)	비농가취업자수	이직자수
재고순환지표(제조업)	산업생산지수	사용근로자수
BSI(기업경기실사지수)	제조업가동률지수	생산자제품재고지수
설비투자추계지수	도소매판매액지수	도시가계소비지출
건축허가면적	건설기성액	소비재수입액
자본재수입액	수출액	회사채유통수익률
총유동성	수입액	
종합주가지수		
순상품교역조건		

그림 3 4 경기종합지수(동행종합지수) 순환변동치 추이

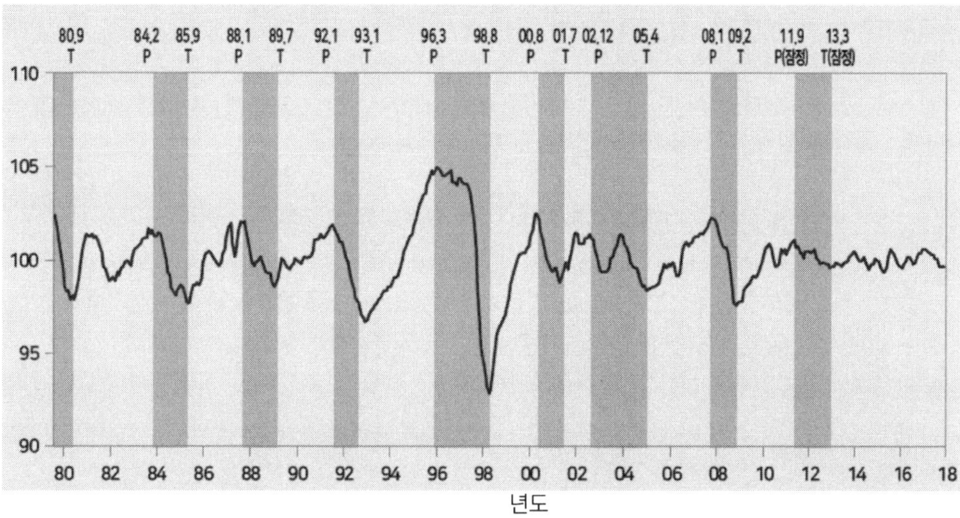

* P: 경기정점(Peak), T : 경기저점(Trough) 자료 : 통계청, 한국은행

경기를 파악하는 또 다른 방법의 하나는 소비자나 기업과 같은 경제주체들이 주관적 심리적으로 느끼는 경기동향을 설문을 통해 파악하는 방법이다. 여기에 해당되는 지수로는 기업을 대상으로 한 기업경기조사(BSI : Business survey index, 企业经营状况调查指数)와 소비자를 대상으로 하는 소비자동향지수(CSI : Consumer Survey Index, 消费者动向指数) 등이 있다. 그러나 이들 지수는 설문 응답자의 주관과 심리적 요인에 많이 좌우되므로 정확한 경기상황과 경기전환점을 예측하는 것이 어렵다.

BSI지수는 기업가들의 경기에 대한 판단, 장래 전망 등을 설문지를 통해 조사하는 것으로 기업가의 판단과 계획이 단기적인 경기 변동에 중요한 영향을 미친다는 점에서 중요한 경기예측지표로 사용된다. 우리나라에서는 전경련 · 상공회의소 · 산업은행 · 한국은행 등에서 조사 발표하는데 경기 호전 전망에 대한 [O · X] 방식 설문 후 [O]와 [X]가 차지하는 비율을 구하고 그런다음 [O]비율에서 [X]비율을 빼고 100을 더해준다. 따라서 만약 [O]의 비율이 54.5%이고 [X]의 비율이 45.9%라면 BSI 지수는 54.5에서 45.5를 뺀 뒤 100을 더해준 109가 되며 이는 경기가 호전될 것으로 보는 응답자가 악화될 것으로 비관하는 응답자보다 9% 포인트 가량 많다는 사실을 의미한다.

$$\text{BSI} = \frac{(\text{긍정적 응답 업체수} - \text{부정적 응답 업체수})}{\text{전체 응답 업체수}} \times 100 + 100$$

그림 3 5 제조업 업황 BSI 및 GDP 전년동기대비 증가율 추이

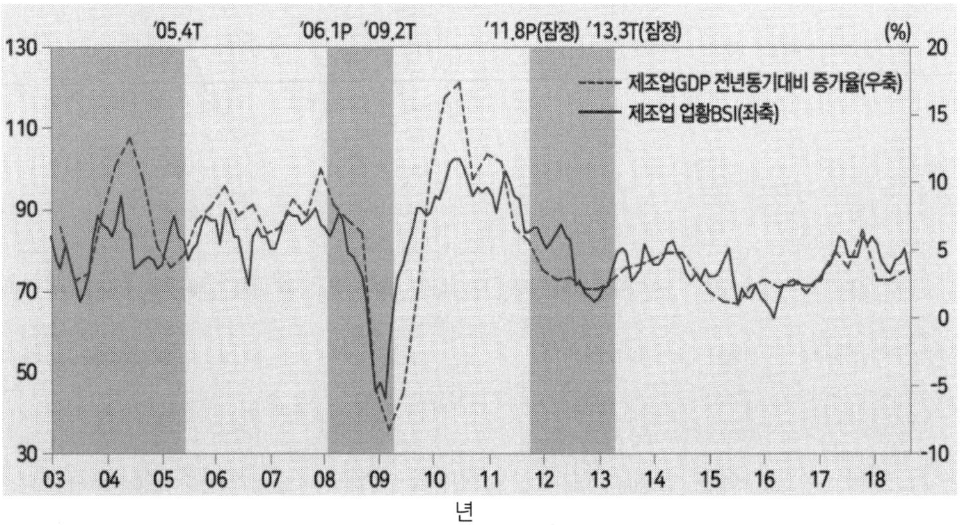

자료 : 통계청, 한국은행

한국은행의 소비자동향지수(Consumer Survey Index : CSI)는 기업경기실사지수와 유사한 방식으로 산출되나 기업경기조사가 3점 척도임에 비해 소비자동향조사는 5점척도로 이루어져 있으며 항목별 응답은 ① 매우 좋아짐, ② 약간 좋아짐, ③ 변동 없음, ④ 약간 나빠짐, ⑤ 매우 나빠짐 등 5가지로 구성되어 있어 정도에 따라 상이한 가중치를 부여한다.

소비자동향지수는 그 산식에 의해 0에서 200까지의 값을 갖는데, 동 지수가 100을 초과한 경우 긍정적인 답변을 한 소비자가 부정적인 답변을 한 소비자보다 많다는 것을 의미하며 100 미만인 경우는 그 반대를 의미한다.

$$\text{CSI} = \frac{(\text{매우좋음} \times 1.0 + \text{약간좋음} \times 0.5 - \text{약간나쁨} \times 0.5 - \text{매우나쁨} \times 1.0)}{\text{전체 응답 소비자수}} \times 100 + 100$$

좀더알아보기

정확한 경제예측은 사막에서 바늘을 찾는 일 : 경기전망

앞으로 무슨 일이 일어날지를 예측하는 일은 매우 어려운 일입니다. 일상생활에서는 앞날을 알아보기 위해 점쟁이를 찾아가는 등 많은 노력을 하지만 미래를 정확히 알 수는 없습니다. 경제예측도 다를 바 없습니다. 일반적으로 과거의 소비, 투자 등 거시경제지표를 기초로 계량모형을 만든 후 동 모형에 주요국의 경기 및 국제금융시장 상황, 환율, 국제유가, 반도체 가격 등 대내외 변수의 전망치를 집어넣어 경제성장률 등을 예측하게 됩니다.

이러한 예측치에 대해 많은 사람들이 틀려도 너무 많이 틀린다는 지적을 자주 합니다. 어느 전문가는 이처럼 예측능력을 문제 삼자 '예측하는 사람은 가장 불행하다. 주역 공부를 할 수 없는 일이고…'라고 말할 정도입니다. 그러면 경제예측을 할 때 왜 정확히 맞추기가 어려울까요? 우선 우리나라는 대외의존도가 매우 높다는 데 있습니다. 이에 따라 세계경제성장률, 교역신장률, 환율, 국제유가 등에 대한 해외기관의 예측치가 국내 경제예측을 할 때 커다란 영향을 미치게 됩니다. 그런데 세계적인 전문예측기관들은 예측하지 못한 상황이 발생할 때마다 주요 지표의 전망치를 수시로 수정하고 있습니다. 이와 같이 국내 경제예측을 할 때 해외기관의 예측치가 빗나가거나 수정된다면 이에 기초한 경제예측은 틀릴 수밖에 없을 것입니다. 대내여건의 변화로 예측이 빗나갈 수도 있습니다. 정치 환경 변화, 기상이변, 노사관계 불안 등 사전에 고려하기 어려운 것들이 빈번하게 일어나고 있는 점도 예측치의 오차를 크게 합니다.

다음으로 예측기법의 한계를 들 수 있습니다. 예측을 할 때 활용하는 계량모형은 기본적으로 과거 경제변수의 움직임을 반영하고 있는데 경제구조가 크게 달라질 경우에는 이를 적절히 포착하기란 쉬운 일이 아닙니다. 더구나 예측에는 수많은 전제가 필요한 대규모 거시계량모형을 사용하기 어려워 소수의 외생변수로 된 단순한 모형을 사용하여 이루어질 수밖에 없는데, 이러한 점은 계량모형의 예측력을 떨어뜨리는 요인으로 작용합니다.

이와 같은 여러 가지 제약으로 인해 경제예측을 정확히 한다는 것은 사실상 불가능합니다. 그래서 각 경제예측기관들은 국내외 경제여건과 구조가 급격히 변할 때마다 기초 자료가 되는 해외예측기관의 전망치를 반영하거나 그 모형구조를 바꾸어 예측을 다시 할 필요가 있습니다. 실제 우리나라뿐만 아니라 해외의 유수예측기관들은 당초 예측치를 자주 수정하고 있으며 보다 정교한 모형을 만들기 위해 노력하고 있습니다.

출처 : 한국은행

읽을거리 : 비공식적으로 경기변동을 판단하는 재미있는 방법들

경기하면 왠지 어렵게만 느끼는 사람들이 있습니다. 그러나 일반 사람들이 복잡하고 전문적인 통계나 자료에 의존하지 않고도 경기변동을 판단하는 방법이 여러 가지 있습니다. 아래와 같은 방법으로 경기 상황을 나름대로 손쉽게 진단해 볼 수 있습니다. 경기의 상황에 따라 거리의 옷 색깔이 달라지는데 경기가 좋을 때에는 밝고 깨끗한 색깔의 옷이 많이 눈에 띄는 반면 경기가 나쁠 경우에는 어둡고 우중충한 색깔이 주류를 이룬다고 합니다. 뿐만 아니라 경기상황에 따라 여러 가지 독특한 현상도 나타나는데 경기가 나빠지면 길거리의 담배꽁초가 짧아진다든지 위스키나 맥주보다는 소주의 판매량이 늘어난다는 것입니다. 병원의 경우에도 경기가 좋을 때는 성형외과를 찾는 사람들이 상당히 있으나 경기가 나쁠 경우에는 찾는 사람들이 크게 줄어드는 반면 신경정신과는 붐비게 되는데 이는 불황에 따른 스트레스로 인해 상담 받는 사람들이 늘어나기 때문입니다.

또 뉴욕타임즈(1999년)는 유수한 경제학자들이 일반인들의 상식과 달리 아주 사소한 일상 현상을 보고 경기 호·불황을 판단하고 있다고 소개하고 있습니다. MIT大 크루그만 교수는 TV광고에서 코믹광고가 많이 등장할 때에는 경기를 호황으로 판단하고 경기가 나빠지면 TV광고에서 상품이름이 15번이나 반복된다고 합니다. 메거릿 백비는 커피 체인점 '스타벅스'의 커피 농도로 경기를 진단하는데 경기가 나빠질 것을 예상하면 스타벅스가 비용절감을 위해 커피의 농도를 낮추고 있다고 설명합니다. 아메리카 스칸디아 생명보험의 로렌스 커드로 수석 이코노미스트는 집을 고치기 위해 배관기술자나 에어컨 설치기술자를 불렀을 때 얼마나 빨리 응답이 오느냐로 경기의 호황 내지 불황을 판단하는데, 응답이 빨리오면 경기가 하락하는 증거로 생각한다고 합니다.

이 밖에 월스트리트(2000년)는 일반인들이 경기변동을 파악할 수 있는 '피부경제지표 12가지'를 다음과 같이 소개하고 있습니다. ① 일요일자 신문의 부피 : 경기가 호황일 때는 기업의 광고비 지출이 늘어나 주말판 신문의 두께가 두툼해짐 ② 자동차 광고문구 : 호경기에는 호사스러운 문구, 불경기에는 할인판매와 저금리 할부금을 강조 ③ 미 연준의장의 위상 : 호경기에는 만인의 위상, 불경기에는 인기저하 ④ 화물열차의 행렬 : 차량숫자와 경기가 비례 ⑤ 주택시장 : 경기가 좋을 때에는 매물이 즉시 처분되는 경향 ⑥ 달러화의 위력 : 호경기에는 달러화 가치 상승 ⑦ 장단기 금리 역전 : 경기둔화시 장기금리가 단기금리를 하회하는 역전현상 발생 가능 ⑧ 목수 등 잡역부 수요 : 경기가 나쁠 때는 이들을 부르기가 쉬움 ⑨ 범죄율 : 경기가 좋아지면 범죄율이 하락 ⑩ 신기술제품 소비 : 소비가 늘면 호경기, 줄면 불경기 ⑪ 출산율 : 호경기에는 가계사정이 나아져 출산율이 높아짐 ⑫ 주식투자 : 경기호황은 증시활황과 밀접한 상관관계를 보임

자료 : 이준구 '열린 경제학', 한국경제신문 2000년 6월 27일 수정 발췌

좀더알아보기

주식시세표 보는 법

대부분의 일간 신문은 주식시세표를 게재하고 있습니다. 이 표는 증권거래소 등에서 거래되는 주식에 관한 다양한 내용을 수록하고 있습니다. A경제신문에 게재된 주식시세표를 이용하여 그 내용을 알아봅시다.

- **종목형** : 주식을 발행한 회사의 이름을 말하며 편리한 거래를 위해 종목별로 고유한 코드번호를 부여하고 있습니다. 그리고 코드번호 옆에 쓰여 있는 알파벳 'C'는 주식의 액면가를 구분하는 기호입니다.

  * 액면가 : A = 100원, B = 200원, C = 500원, D = 1,000원, E = 2,500원, 무표시 = 5,000원

- **주가** : 주식시세표에서 가장 중요한 정보는 주당 주식가격이라고 할 수 있습니다. 종가는 시장이 마치기 전 마지막으로 거래된 주식 가격입니다. 등락은 전일에 비하여 가격이 올랐거나 내린 정도, 시가는 당일 중에 처음 형성된 가격, 최고가는 당일 중에 체결되었던 가격 중 가장 높은 가격, 최저가는 가장 낮은 가격을 각각 나타냅니다. 장기적인 주가 움직임을 알아볼 수 있도록 최근 60일간 또는 52주의 최고, 최저 가격(종가 기준)을 게재하는 신문도 있습니다.

- **거래량** : 당일 중에 증권시장에서 거래된 주식의 수를 말합니다. 매도 100주, 매입 100주인 경우 거래량은 100주로서 한쪽만 계산합니다. 거래량은 주식시장의 판단지표로 중요한 의미가 있으나 개별 주식간의 거래량을 비교할 때는 액면가가 100원에서부터 5,000원까지 다양하므로 비교하는 주식들의 액면가가 얼마인가를 우선 살펴보아야 합니다.

- **주가수익비율(PER : prince earnings ratio)** : 기업의 주가를 주당순이익(EPS : earnings per share)으로 나눈 것입니다. 현재의 주가가 주당순이익의 몇 배인가를 파악하여 수익성보다도 주가가 높게 평가되어 있는지 또는 낮게 평가되어 있는지를 판단하기 위한 것입니다. 이때 주당순이익은 1주당 세후 순이익을 말합니다. 순이익이 높으면 대체적으로 주가는 같이 올라가는 것이 보통이므로 어느 기업의 주당순이익 증가는 향후 그 기업의 주가가 상승할 수 있는 여력이 많다고 볼 수 있습니다.

최근 60일		PER (배)	종목형	시 가	고 가	저 가	종 가	등 락	거래량 (10주)
최 고	최 저								
137,000	49,450	9.86	동원산업	127,000	130,000	127,000	127,500	▽1,500	27
12,050	5,700	-	동원수산	6,080	6,250	6,080	6,160	0	216
56,200	7,400	67.37	사조산업	31,700	32,050	31,650	32,000	▽200	93
17,700	6,300	14.35	신라교역 C	17,450	17,450	16,900	16,900	0	327
75,000	8,750	-	오양수산	13,350	13,500	13,150	13,300	▽100	621

Chapter 03 Summary

1. 경기변동(경기순환, Business Cycle)
   경기변동은 기업의 투자에 따른 수요충격, 통화량의 변화, 불완전정보에 의한 기대, 기술이나 생산성 변동과 같은 경제내의 여러 가지 실물 및 화폐적 요인에 의해 발생되어짐. 경기는 장기적인 성장추세를 중심으로 반복하여 오르고 내리고 하는데 이를 경기변동이라 함.

2. 경기의 순환주기(순환과정)
   경기의 순환주기는 경기의 정점에서 다음 정점까지 또는 저점에서 다음 저점까지의 기간을 말함. 경기순환주기는 크게 나눠서 상승국면(확장국면)과 하강국면(수축국면)으로 나눠지며, 이를 다시 세부적으로 보면 상승국면[회복기 → 확장기](호경기) → 하강국면[후퇴기 → 수축기](불경기)으로 구분할 수 있음.

3. 경기조절정책
   정부는 경기변동폭을 줄여서 고용안정과 물가안정을 도모하고자 하며 이처럼 경제를 안정시키기 위해서 사용하는 정책을 정부의 경기조절정책이라 함. 그 정책수단으로는 금리(통화량)와 재정지출(조세)이 있음.

4. 경기예측
   경기예측이란 경기 상황을 파악하거나 장래의 경기를 예측하는 것을 말함. 경기를 예측하는 방법에는 경제지표에 의한 방법, 종합경기지표에 의한 방법, 설문조사에 의한 방법, 계량모형에 의한 방법 등이 있다.

5. 종합경기지표(CI : Composite Index)
   종합경기지표는 경기와 밀접한 관련이 있는 소비, 투자, 수출입동향, 생산관련 경제지표를 종합적으로 이용하여 작성함. 경기종합지수는 동행지수, 선행지수, 후행지수 등 크게 3가지로 나뉘는데, 선행지수는 통상 3 ~ 10개월 후의 경기동향을 예측하는 지수이며, 동행지수는 조사시점의 경기수준을 파악하며, 후행지수는 조사시점으로부터 3 ~ 10개월 전의 경기 상황을 나타냄.

Chapter 03 Example of Exam.

1. 경기변동(경기순환)의 의미와 경기순환주기를 설명하라.

2. 정부의 경기조절정책에 대해 설명하시오.

3. 경기예측 또는 경기진단의 방법에 대해 설명하시오.

4. 경기종합지수의 세가지 종류와 각각의 구성지표를 설명하시오.

거시경제학
Macroeconomics

Part 3

거시경제학의 기초이론

Chapter 04. 거시경제이론의 개요
宏观经济理论的概要

Chapter 05. 고전학파의 국민소득 결정이론
古典学派的国民收入决定理论

Chapter 06. 케인즈의 국민소득 결정이론
凯恩斯的国民收入决定理论

Chapter 04 거시경제이론의 개요
宏观经济理论的概要

- 고전학파의 경제관 古典学派的经济观点
- 케인즈학파의 경제관 凯恩斯学派的经济观点
- 자유방임주의, 정부의 비개입주의, 작은 정부론 自由放任主义 非介入主义
- 완전고용, 불완전고용 完全就业 不完全就业

4.1 거시경제 기초이론 : 국민소득결정이론
国民收入决定理论

한 나라 경제의 상황이나 경제적 수준을 알기 위해서는 국내총생산(Gross Domestic Product : GDP, 国内生产总值)과 같은 국민소득을 살펴보면 된다. 그러면 국민소득(国民收入)의 크기는 어떻게 결정되는가 하는 의문이 생긴다. 즉 왜 어떤 나라는 국민소득이 높아 잘살며, 어떤 나라는 국민소득이 낮은 것일까? 이 장에서는 국민소득수준이 어떻게 결정되는가를 가능한 한 단순한 모형을 통해 설명한다.

고전학파(古典学派)와 케인즈학파(凯恩斯学派)는 거시경제학(宏观经济学)의 두 조류를 형성하는 학파인데, 고전학파는 경제의 공급(Supply, 供给)측면을 중요시 하는 반면, 케인즈학파는 경제의 수요(Demand, 需求)측면을 중시하는 이론이다. 고전학파모형에 따르면 실질국민소득(真实国民收入)이 경제 내에 존재하는 노동의 공급량이나 자본량, 생산기술과 같은 공급측면에 의해서 결정된다고 주장한다. 반면 케인즈 단순모형에 따르면 실질국민소득이 개인들의 소비나 기업의 투자와 같은 수요측면에 의해서 결정된다는 것이다.

그러나 현실경제에서 실질국민소득은 수요나 공급 측면 중 어느 한 부분에 의해서 결정되는 것이 아니라 수요나 공급 모두의 상호작용에 의해서 결정된다. 또한 실질국민소득결정에 물가나 이자율과 같은 화폐적 변수들도 영향을 미치게 되는데 이들 요인까지 고려하기 위해서는 모형이 보다 복잡해지므로 먼저 단순모형을 통해 이론의 핵심을 파악하고자 하는 것이다.

4.2 고전학파와 케인즈학파의 경제이론 개요
古典学派与凯恩斯学派的经济理论概要

고전학파의 이론은 실질국민소득이 공급측면(자본량, 노동의 공급, 노동자의 근로-여가선택에 관한 선호, 생산기술 등)에 의해 결정되며, 정부가 시장에 인위적으로 개입하는 것은 오히려 경제를 교란시키는 것으로 반대하고 정부의 비개입주의를 주장하였다. 이러한 고전학파의 주장과 정신은 이후 통화주의학파(货币学派)와 신고전학파(新古典派)로 계승·발전되었다.

반대로 케인즈학파는 실질국민소득이론은 수요측면(소비, 투자, 정부지출 등)에 의해 결정되며, 경제를 민간자율에만 맡길 경우 시장경제의 불완전성으로 시장실패가 발생하게 되므로 정부는 시장에 적극적으로 개입해야 한다고 주장하였다. 이러한 케인즈의 주장과 이론은 케인즈학파로 이어지고 이후 신케인즈학파로 계승되었다.

(1) 고전학파와 케인즈학파의 경제관(古典学派与凯恩斯学派的经济观点)

1) 고전학파의 경제관(古典学派的经济观点)

고전학파와 케인즈학파의 이론이 이처럼 극단적인 차이를 보이는 것을 이해하기 위해서는 먼저 두 학파간의 경제적 시각차를 형성하는 경제관을 살펴보는 것이 도움이 된다.

먼저 고전학파의 경제관을 살펴보자. 고전학파는 아담 스미스 이후 리카도, 밀, 마샬, 피구 등의 경제학자들로 이루어진 학파를 일컫는데 이들은 당시 정부의 역할을 강조한 중상주의(重商主义)에 반기를 들었으며 이른바 자유방임(lassez-faire, 自由放任)이라 불리는 자유주의를 기본사상으로 하고 있다. 즉 경제는 "보이지 않는 손(invisible hand, 看不见的手)"(= 시장가격기구 = 시장의 자동조절기능)에 의할 때 가장 바람직하게 움직이고 개인의 이익을 증진하는 것이 국가의 이익과 조화를 이룬다고 주장하였다. 따라서 정부의 비개입주의를 주장하여 작은 정부가 최상의 정부라는 "least government is the best government, 最小的政府是最好的"를 주장한다. 즉 정부는 국방과 치안 등 최소한의 역할만을 할 것을 주장한다.

❖ 고전학파의 경제관

- 경제의 공급측면 중시
- 자유방임주의, 자유주의사상
- 정부의 시장불개입
- 작은 정부론 주장

2) 케인즈의 경제관(凯恩斯学派的经济观点)

1930년대 세계경제는 대공황(大萧条)의 발생으로 극심한 실업과 장기적 불황에 직면해 있었다. 당시의 이 같은 장기적이고 대량적인 실업사태는 케인즈 이전의 고전학파 이론으로는 설명할 수 없었다. 왜냐하면 고전학파 이론에 따르면 경제가 일시적으로 실업과 같은 불균형 상태에 있더라도 가격이 신축적으로 조정되어 다시 노동시장이 균형을 회복하기 때문에 실업은 금방 해소되고, 일자리를 원하는 사람은 모두 고용되는 이른바 완전고용상태를 유지하게 된다.

반면 케인즈는 고전학파가 주장하는 완전고용의 경제상황은 극히 예외적인 경제현상이며 실업이 발생하는 불완전고용 상태가 오히려 일반적인 경제 상황이라고 주장했다. 그리고 이러한 불완전고용의 경제상황을 설명하기 위해서는 거시적 분석 방법에 입각해서 경제를 분석해야 한다고 주장했다. 케인즈는 자신의 저서인 『고용, 이자 및 화폐의 일반이론』(The General Theory of Employment, Interest and Money, 就业, 利息和货币通论, 1936)을 통해서 경제분석을 가격분석(价格分析)에서 소득분석(所得分析)으로 전환시키는 분석방법론의 일대 전환을 가져왔는데, 이를 가리켜 케인즈혁명(Keyesian Revolution, 凯恩斯革命)이라 한다.

▶ 존 메이너드 케인즈(John Maynard Keynes)

케인즈는 당시의 극심한 실업이 총수요(总需求) 부족에 기인한다고 판단하였다. 총수요가 부족하다는 것은 물건을 사주는 사람이 줄어든다는 것인데 이처럼 수요가 감소하면 기업의 물건이 팔리지 않기 때문에 기업 측으로서는 상품의 재고(库存)가 발생하게 된다. 이 같은 재고가 계속적으로 누적되면 기업은 생산을 줄일 수밖에 없는데, 생산의 감소는 노동자의 실직, 해고를 가져오게 되어 고용의 감소를 가져오게 된다. 따라서 케인즈는 실업을 감소시키고 경기를 회복시키기 위해서는 총수요를 증대시켜야 한다는 것이다. 총수요를 증대시키기 위해서는 공공사업의 확대를 통해서 정부의 씀씀이를 크게 하는 정부지출(政府购买)의 증대나 조세(租税)의 감면을 통한 적극적인 재정정책을 펴는 것이 중요하다고 역설하였다. 케인즈는 고전학파가 신봉하는 가격기구(price mechanism, 价格机制)가 제대로 작동하지 않을 때는 유효수준을 조절하기 위해 정부가 시장에 적극적으로 개입하는 것이 필요하다고 주장하였다.

❖ 케인즈학파의 경제관

- 경제의 수요측면 중시
- 정부의 적극적인 시장개입 주장
- 불완전고용이 일반적 경제상황

읽을거리 : 대공황과 재정정책

1920년대 후반까지만 해도 대부분의 사람들은 자본주의가 '영원한 번영'을 보장한다고 믿고 있었습니다. 1929년 10월 24일(목요일)과 10월 29일(화요일) 두 차례에 걸쳐 일어난 미국 월가의 주가 대폭락이 세계경제의 공황을 알리는 신호탄이 되리라고 예상한 사람은 거의 없었습니다. 주식시장이 붕괴되면서 금융기관이 파산했고 공장들은 문을 닫기 시작했습니다. 1932년 미국의 GDP는 1929년의 절반 수준인 587억 달러로 줄어들었으며, 1929년 3.2%에 불과했던 실업률은 1932년 25%까지 치솟았습니다.

이렇게 시작된 공황은 이후 독일, 영국, 프랑스 등 유럽 전역으로 번져 전세계 제조업 생산액을 40%나 감소시키는 괴력을 보였습니다. 이러한 공황은 경기침체의 정도와 지속기간 등에 있어 전례가 없었던 것이어서 사람들은 이를 대공황(Great Depression)이라 부르게 되었습니다. 대공황의 원인에 대하여는 의견이 분분하지만 많은 학자들이 화폐로 뒷받침되는 유효수요*가 생산에 비해 부족했다는 점을 그 원인으로 지적하고 있습니다.

▶ 실직자로 넘쳐나는 1930년대 초반 미국의 도시풍경

한편 대공황은 정부의 적극적인 재정정책을 이용해 유효수요를 증대시켜야 한다는 케인즈(J.M. Keynes)의 처방을 반영한 루즈벨트 대통령의 뉴딜(New Deal) 정책이 실시되면서 차츰 해결의 기미를 보이기 시작했습니다. 뉴딜 정책의 핵심은 심각한 불황을 타개하기 위해 정부가 경제에 적극적으로 개입해야 한다는 것이었습니다. 이 정책은 정부가 재정지출을 확대해 유효수요를 늘리고 이로써 불황을 타개하여 고용을 늘리고자 하는 경제안정화정책의 전형이 되었습니다. 대표적인 사업이 미국 테네시 강 유역의 대규모 댐 건설이었는데 막대한 재정지출을 통해 유효수요를 창출하고 고용을 늘릴 수 있었습니다.

* 유효수요 : 재화와 서비스의 구입을 위해 화폐지출이 수반된 수요

출처 : 한국은행

❖ 실업률(失业率)

경제활동인구 중에서 실업자가 차지하는 비율

❖ 고용률(雇佣率)

15세 이상 인구 중 취업자의 비율

❖ 경제활동인구(经济活动人口)

만 15세 이상인 노동가능인구 중에서 일할 의사가 있는 인구를 말하며 실업자와 취업자로 나뉨

❖ 실업자(失业者)

매월 15일이 속한 1주간 일을 하지 않았고 지난 4주간 적극적으로 구직활동을 하였던 사람으로서 일자리가 주어지면 즉시 취업이 가능한 사람

그림 4 1 우리나라의 고용률 및 실업률 추이

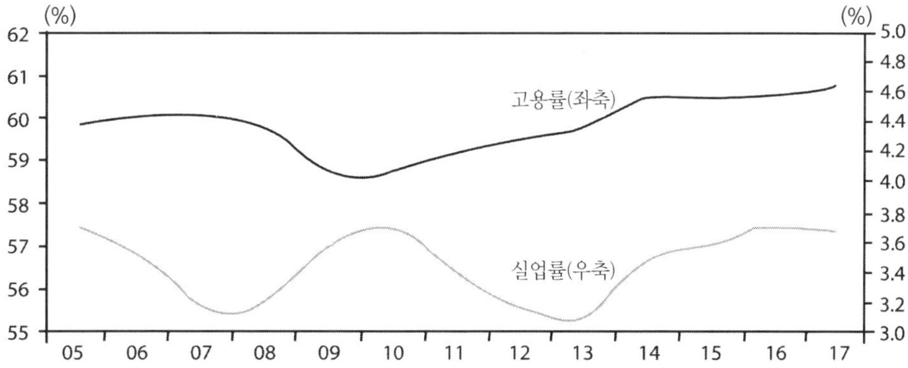

자료 : 통계청 「경제활동인구조사」

좀더알아보기

실업률과 경제활동참가율은 실제 어떻게 계산하나요?

2013년 중 우리나라 전체 추계인구는 5,022만명이고 현역군인 등을 제외한 만 15세 이상 인구는 4,210만명입니다. 이중 경제활동인구는 2,587만명, 비경제활동인구는 1,623만명입니다. 경제활동인구 가운데 취업자는 2,506만명, 실업자는 80만명입니다. 따라서 우리나라의 2013년 중 경제활동참가율은 61.5%(경제활동인구 2,587만명 ÷ 15세이상 인구 4,210만명 × 100), 고용률은 59.5%(취업자 2,506만명 ÷ 15세이상 인구 4,210만명 × 100), 실업률은 3.1%(실업자 82만명 ÷ 경제활동인구 2,587만명 × 100)로 계산됩니다.

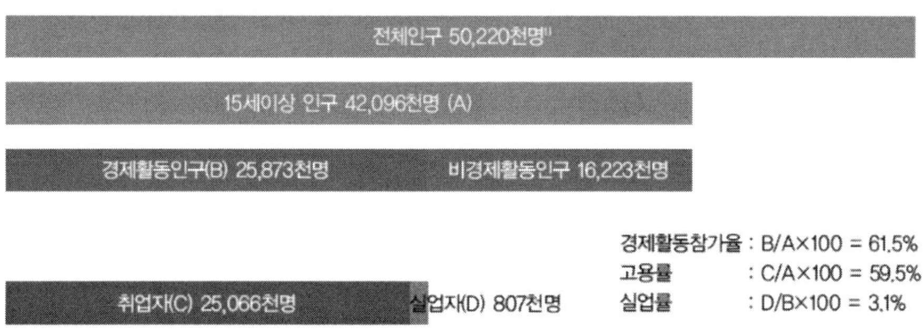

주 : 1) 장래추계인구 기준

자료 : 통계청 「경제활동인구조사」

읽을거리 : 왜 우리나라의 실업률은 다른 나라보다 낮을까?

우리나라의 실업률은 제1 · 2차 석유파동기와 외환위기 이후 몇 년을 제외하면 대체로 2~3%대로서 선진국에 비해 매우 낮은 수준을 보여 왔습니다. 우리나라의 실업률이 다른 나라보다 낮은 것은 통계작성 방법상의 차이에도 일부 원인이 있지만 보다 근본적으로는 취업구조나 고용관행이 외국과 상당히 다른 데 있다고 할 수 있습니다. 먼저 통계작성방법상의 이유를 보면 우리나라는 미국, 일본 등과 함께 노동력 표본조사통계를 이용하고 있어 구직등록통계를 이용하는 유럽 국가들에 비해 실업률이 상대적으로 낮게 나타나는 경향이 있습니다.

노동력 표본조사통계를 이용할 경우에는 조사대상자가 본인의 실업상태를 적극적으로 밝힐 유인이 없기 때문에 실업자 수가 실제보다 적게 산정될 가능성이 있습니다. 이에 비해 구직등록통계를 이용할 경우엔 실업자들이 실업급여 수령을 위해 적극적으로 구직등록을 하기 때문에 실업자 수를 실제와 비슷하게 파악할 수 있게 됩니다. 또한 과거에는 국제노동기구(ILO)의 권고에 따라 실업자 여부 판정기준의 하나인 구직활동기간을 조사대상 1주일 간 만으로 정하여 실업률이 낮게 나타나는 것이 아니냐는 의문도 제기되었으나 2005년 7월부터는 대다수 OECD 국가에서처럼 구직활동기간을 조사대상기간을 포함한 과거 4주로 변경하여 통계를 작성하고 있습니다.

다음으로 우리나라의 취업구조나 고용관행을 보면 외국에 비해 실업률이 낮게 나타나는 몇 가지 특징을 갖고 있습니다.

첫째, 농림어업 부문 취업자 비중이 주요국에 비해 훨씬 높은 점입니다. 농림어업 부문은 제조업 등 비농림어업 부문에 비해 실업 발생 가능성이 낮기 때문에 전체 실업률을 낮추는 요인으로 작용합니다. 둘째로, 우리나라는 구멍가게 등과 같은 자영업주와 돈을 받지 않고 가족 일을 거들어 주는 가족종사자의 비중이 다른 나라에 비해 상대적으로 높다는 점도 실업률을 더욱 낮추는 역할을 하고 있습니다. 셋째로 우리나라에는 실업보험 등 사회보장제도가 잘 발달되어 있지 않았기 때문입니다. 이에 따라 노동자는 임금과 근로조건에 불만을 갖고 있더라도 가급적 현재의 직장에 계속 근무하려는 경향을 보이고 있습니다. 또한 실업상태인 경우에도 적극적으로 취업하거나 자영업주 또는 무급가족종사자로 전환하려는 경향이 강해 실업률을 낮추는 요인으로 작용한다고 볼 수 있습니다. 마지막으로 우리나라 여성 중에는 고등교육을 받고도 가사노동에 전념하는 비경제활동인구가 많다는 점입니다. 우리나라에서 여성들이 외국처럼 적극적으로 일자리를 찾아 나선다면 우리나라의 실업률도 크게 높아질 것임은 자명하다 하겠습니다.

출처 : 한국은행

좀더알아보기

우리나라의 최저임금은 얼마나 되나?

최저임금제는 근로자에 대한 최소한의 생계보호를 위하여 '최저임금위원회'의 심의와 의결을 거쳐 노동부장관이 매년 일정 수준의 최저임금을 정하고 사용자로 하여금 동 금액 이상의 임금을 지급하도록 법으로 강제하는 제도입니다. 따라서 최저임금제가 시행되면 사용자가 근로자와 합의하여 최저임금액보다 낮은 임금을 지급한다고 정하더라도 그 근로계약은 무효가 되며 이 경우 최저임금액과 동일한 임금을 지급하기로 정한 것으로 봅니다. 2021년 현재 적용되는 최저임금액은 시간당 9,160원, 최저주급은 439,680원, 최저월급 1,914,440원입니다.

이 제도는 전 산업의 상용근로자뿐만 아니라 임시근로자, 일용근로자 등 모든 근로자에게 적용되고 1년 이상의 기간을 정하여 근로계약을 체결하고 수습 중에 있는 근로자로서 수습을 시작한 날부터 3개월 이내인 사람에 대하여는 최저임금의 10%를 감액하여 지급할 수 있도록 하고 있습니다. 다만, 단순노무업무로 고용노동부장관이 정하여 고시한 직종에 종사하는 근로자(단순 노무종사자)에 해당하는 사람은 수습여부 · 계약기간에 관계없이 최저임금액의 100%를 자급하여야 합니다.

만일 최저임금을 지키지 않을 경우 사용자에게는 3년 이하의 징역 또는 2천만원 이하의 벌금에 처하거나 이 두가지가 병과 될 수 있습니다.(최저임금법 제28조)

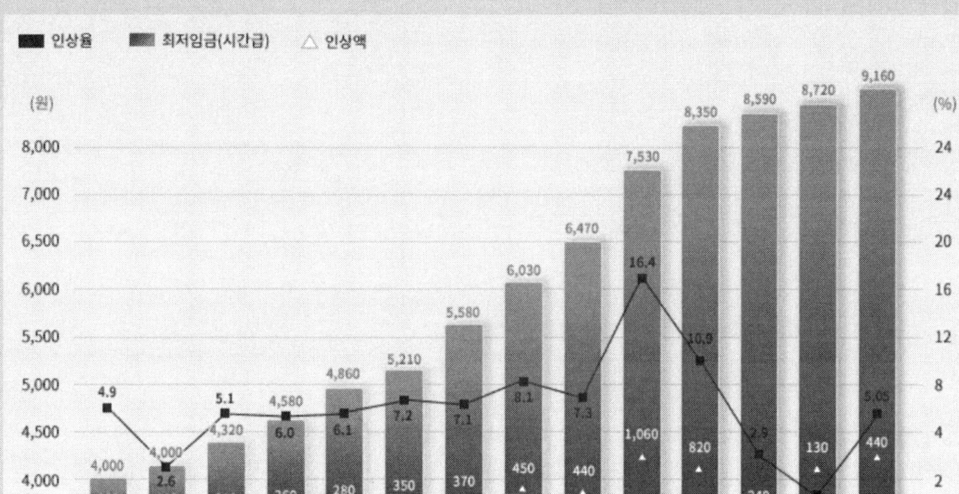

Chapter 04 Summary

1. 고전학파의 경제관
   ① 노동량, 자본량, 생산기술 등과 같은 경제의 공급측면이 국민소득수준을 결정
   ② 자유방임주의, 자유주의사상에 기초
   ③ 경제는 시장의 가격기구에 의해 균형 회복하므로 정부는 시장에 개입할 필요가 없다는 시장불개입 주의를 주장
   ④ 작은 정부론 주장

2. 케인즈학파의 경제관
   ① 소비, 투자, 정부지출과 같은 경제의 수요측면이 국민소득수준을 결정
   ② 불완전고용이 일반적 경제상황
   ③ 시장의 불균형을 정부가 적극적인 시장개입을 통해 해결할 것을 주장

Chapter 04 Example of Exam.

1. 고전학파의 경제관을 설명하라.

2. 케인즈학파의 경제관을 설명하라.

3. 고전학파와 케인즈학파의 경제관을 비교, 설명하라.

Chapter 05 고전학파의 국민소득 결정이론

古典学派的国民收入决定理论

- 세이의 법칙 萨伊定律
- 가격의 완전신축성 价格的完全伸缩性
- 화폐환상 货币幻想
- 총생산함수 总生产函数
- 완전고용산출수준 充分就业生产水平

5.1 고전학파의 기본가정
古典学派的基本假定

❖ 경제학의 방법론

경제이론은 다음과 같은 과정을 거쳐 성립되게 된다.
① 기본가정(경제관, 복잡 다양한 경제현상을 추상화 · 단순화함)
⇒ ② 모형설정(추리된 상호의존관계 · 인과관계)
⇒ ③ 검정(현실경제 성립여부)

고전학파는 한 나라의 국민소득수준이 경제의 공급측면(노동량, 자본량, 생산기술)과 같은 공급측면에 의해서 결정된다고 보았다. 고전학파의 국민소득결정이론은 이같은 경제관을 반영하여 다음과 같은 기본가정을 전제하고 있다.

(1) 세이의 법칙(萨伊定律)

첫 번째 기본가정은 세이의 법칙(Say's Law, 萨伊定律)이다. 이는 "공급(供给)이 스스로 수요(需求)를 창출한다"는 것으로 생산이 되면 그 생산의 가치만큼 소득이 창출되며 또한 이 소득은 지출(수요)되어 다시 생산으로 이어지므로 일반적으로 과잉 생산(生产过剩)이 없이 생산된 물건은 모두 팔리게 된다는 것이다. 즉 『생산(공급) → 소득 → 지출(수요) → 생산(공급)』의 순환관계가 성립한다는 것이다. 세이의 법칙은 당시 산업혁명(产业革命) 이후 경제적 여건이 생산 시설이나 자본축적 면에서 낮은 수준이어서 시장에서는 수요에 비해 항상 공급이 부족한 상태인 초과수요 상황이었기 때문에 이를 반영한 것으로 볼 수 있다.

(2) 가격의 완전신축성(价格的完全伸缩性)

두 번째 가정은 모든 생산물의 가격과 요소가격이 완전신축적이라는 가정이다. 이는 생산물의 가격인 물가와 생산요소(노동, 자본, 토지 등)의 가격인 임금, 이자율, 지대 등이 완전신축적이어서 시장에서 불균형이 발생할 경우, 즉 시장에 초과수요나 초과수요이 발생할 때 가격이 자유롭게 하락 또는 상승하여 시장의 불균형상태가 즉시 시정된다는 것을 의미한다. 고전학파는 경제의 균형이 (수량조정이 아닌) 가격조정에 의해 회복된다고 주장한다.

(3) 화폐환상이 존재하지 않는다(没有货币幻想)

세 번째 가정은 기업가는 물론 노동자도 물가변화(物价变化)에 대한 충분한 정보를 가지고 있고, 합리적인 물가변화에 대한 예상이 실제 결과와 일치한다는 것이다. 즉 노동자들은 자신이 받는 명목임금(名义工资)만을 고려하지 않고 물가의 변화까지를 고려한 실질임금(实际工资)을 기준으로 자신의 노동공급을 결정한다는 것이다. 이에 노동에 대한 수요와 공급은 모두 실질임금의 함수이다. 고전학파는 노동시장에서 수요와 공급에 의하여 결정된 균형실질임금(均衡实际工资) 수준에서 일하고자 하는 사람은 전부 고용되는 완전고용(充分就业) 상태를 달성한다고 주장한다.

이처럼 어떤 재화의 수요와 공급을 결정할 때 변수의 명목적 크기의 변화가 아닌 실질크기를 고려하여 결정되는 것을 화폐환상(money illusion, 货币幻想)이 존재하지 않는다고 한다.

❖ 화폐환상

어떤 재화의 수요나 공급을 결정하는 변수의 실질크기는 변화하지 않고 다만 명목적 크기만이 변화할 때에도 그 재화의 실질수요나 실질공급이 변동하는 것을 말한다.

예 1. 소비자의 명목소득이 2배 증가하였으나 일반물가수준도 2배 올라 실질적으로는 소득의 변화가 없으나(즉 실질소득 불변) 소비가 증가한다면 이 소비자는 화폐환상에 빠져 있는 것이다.

예 2. 노동자의 임금이 2배증가한 경우에 일반물가수준도 2배상승한 경우 실질임금(= 명목임금 / 물가수준)에는 변화가 없는 것이다. 이때 노동자가 노동공급을 증가시킨다면 화폐환상이 존재한다(케인즈 주장)는 것이며, 만일 노동공급의 변화가 없을 경우에는 화폐환상이 존재하지 않는다(고전학파 주장)라는 것이다.

❖ 고전학파 기본가정

- 세이의 법칙 : 공급이 수요를 창출한다.
- 가격의 완전신축성을 가정하여 가격조정에 의한 균형회복
- 화폐환상이 존재하지 않음

❖ 고전학파 요약

- 경제 내에는 가격기구가 존재하며 가격의 신축성으로 노동을 포함한 모든 생산요소의 완전고용이 보장된다.
- 완전고용수준에서 생산된 모든 재화와 용역은 모두 팔리게 되므로 재화의 초과공급 없는 완전고용이 달성되게 된다.

5.2 고전학파의 국민소득결정이론
古典学派的国民收入决定理论

고전학파의 경제세계(세이의 법칙이 성립하고, 모든 시장이 완전경쟁적이며, 모든 가격은 신축적인 경우)에서는 항상 완전고용이 달성된다.

예 1) ① 「**생산물시장에서 초과공급이 발생**」하는 경우 → 재고증가 → 판매자 경쟁에 의해 가격 하락 → 수요증가 → 재고감소 → 생산물시장 균형달성
② 「**생산물시장에서 초과수요가 발생**」하는 경우 → 재고감소 → 수요자 경쟁에 의해 가격 상승 → 수요감소 → 재고증가 → 생산물시장 균형달성

예 2) ① 「**노동시장에서 노동의 초과공급(실업)이 발생**」하는 경우 → 노동자들의 경쟁에 의해 임금하락 → 고용증대 → 실업감소 → 노동시장균형(완전고용) 회복
② 「**노동시장에서 노동의 초과수요(인력부족)가 발생**」하는 경우 → 임금상승 → 노동수요 감소 → 고용감소 → 노동시장균형(완전고용) 회복

(1) 총생산함수(Aggregate Production Function, 总生产函数)

미시경제학에서 개별기업의 생산함수는 생산요소(生产要素)의 투입량(投入量)과 산출량(生产量) 사이에 존재하는 일정한 기술적 관계를 말한다. 즉 생산함수는 생산요소의 여러 고용수준에 대응하는 산출량수준을 나타낸 것이다.

거시경제학에서 생산함수는 국민경제전체적인 총노동고용수준과 이에 대응하는 총산출량을 결정하는 기술적 관계를 나타낸다. 또는 개별기업의 생산함수를 전체적으로 합한 것으로도 볼 수 있다. 경제학에서는 단기(短期)에 있어서 자본, 기술수준, 인구는 일정(一定)하다고 가정한다. 따라서 단기의 총생산량(Y)은 노동의 총고용량(N)의 변화에 따라서 증감하게 된다. 이러한 단기적인 생산함수를 단기총생산함수(短期总生产函数)라 한다.

❖ 단기총생산함수

$$Y = F(L, \overline{K}) \tag{5.1}$$

단, Y : 경제전체의 총생산량(실질 GDP), L : 노동의 총고용량,
$\overline{K}$: 총자본량(단기에 고정 가정)

그림 5 1 단기총생산함수와 노동의 한계생산물

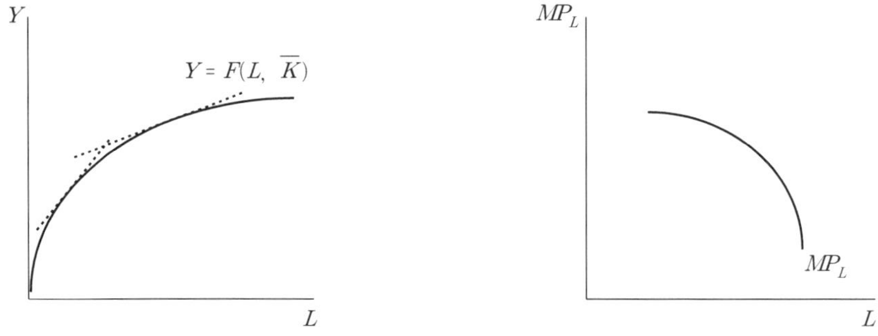

(a) 단기총생산함수 (b) 노동의 한계생산물

단기 총생산함수를 그림으로 나타낸 것이 <그림 5-1>의 (a)이다. 이 총생산함수 그림에서 알 수 있듯이 총생산량은 노동량(劳动量)에 의해서 결정된다. 그런데 그림에서처럼 총생산함수의 기울기(倾度)가 점차 감소하는 형태 혹은 아래로 오목한(凹陷的) 형태를 취하는 이유는 단기에 있어 자본이 고정된 상태에서 노동만이 가변적이기 때문에 노동의 한계생산물(劳动的边际产量)은 체감(递减)하기 때문이다. 가령 공장에 기계(즉 자본)는 한정되어 있는 상태에서 노동자(즉 노동투입량)만 계속 늘리게 되면 생산성이 떨어져서 노동자 한사람이 얻을 수 있는 생산물이 감소하게 된다. 이와 같은 상황을 가리켜 「한계수확체감(边际产量递减)의 법칙」이 적용된다고 한다.

(2) 노동시장(Labor market, 劳动市场)

1) 노동에 대한 총수요곡선(劳动总需要曲线)

고전학파의 거시경제모형에서 생산물시장과 노동시장은 완전경쟁시장(完全竞争市场)을 가정한다. 즉 완전경쟁적인 생산물시장에서 기업은 시장가격을 주어진 것으로 받아들이고 이윤을 극대화하도록 노동을 수요하여 상품을 생산한다는 것이다. 한편 개별노동자들은 완전경쟁적인 생산요소시장(노동시장)에서 임금을 주어진 것으로 받아들이는 가격수용자로 행동한다.

이러한 경제상황에서 개별기업이 이윤을 극대화하기 위해서는 노동의 한계생산물가치(VMP_L)와 노동서비스에 대한 가격 즉 명목임금(W)이 일치하는 수준까지 노동을 고용해야 한다. 이를 식으로 나타내보면 다음과 같다.

❖ (단기)이윤방정식

$$\pi = TR - TC = P \cdot Q - W \cdot L - r \cdot \overline{K} \quad (5.2)$$

단, π = 이윤, TR = 총수입(Total Revenue), TC = 총비용(Total Cost)
P = 생산물가격(Price), Q = 생산량(Quantity), W = 임금(Wage),
L = 노동량(Labor), r = 이자율(Interest Rate), K = 자본(Capital)

❖ 이윤극대화조건

$$\frac{d\pi}{dL} = \frac{dTR}{dL} - \frac{dTC}{dL} = P \cdot \frac{dQ}{dL} - W = 0 \quad (5.3)$$

위 조건식의 의미는 이윤을 극대화(즉 $\frac{d\pi}{dL} = 0$)하기 위해서는 $VMP_L = W$(혹은 $MP_L = \frac{W}{P}$)의 조건이 충족돼야 함을 의미한다.

따라서 개별기업이 이윤을 극대화하기 위해서는 노동의 한계생산물가치와 명목임금을 일치하는 수준[$(VMP_L = P \cdot MP_L) = W$]까지 노동을 고용해야 한다. 혹은 실질임금(W/P)과 노동의 한계생산물(MP_L)이 같게 되는 수준까지 노동을 고용해야 한다는 것을 의미한다.

그림 5 2 개별기업의 노동에 대한 수요곡선

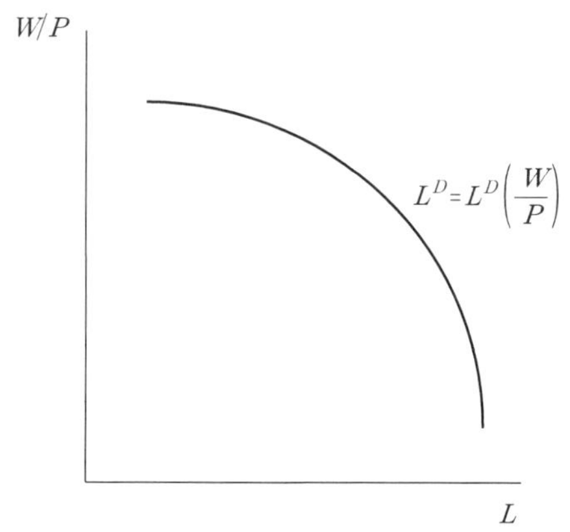

❖ 이윤극대화조건

- VMP_L : 한계생산물가치(value of marginal product, 边际产品价值), 즉 노동의 한 단위 투입으로 인한 생산물가치의 증가분. 즉 산출물가격(P)에 한계생산물(MP_L)을 곱한 것임. 완전경쟁시장에서 가격은 고정적이므로 $P = AR = MR$($\because$ $TR = \overline{P} \cdot Q$이므로 AR, MR 모두 P로 동일)이고 이에 $MRP_L = MP_L$임
- MRP_L : 한계수입생산물(marginal revenue product, 边际生产收入), 즉 노동의 한 단위 투입으로 인한 기업 총수입의 증가분

$$MRP_L = \frac{dTR}{dL} = \frac{dTR}{dQ} \cdot \frac{dQ}{dL} = MR \cdot MP_L \tag{5.4}$$

- MFC_L : 한계요소비용(marginal factor cost, 边际要素成本), 즉 노동의 한 단위 투입으로 인한 기업 총비용의 증가분

결과적으로 $VMP_L = MRP_L = MFC_L = W$이 성립한다.

국민경제의 노동에 대한 총수요곡선은 개별기업의 노동에 대한 수요를 수평으로 합계하여 산출한다. 노동에 대한 총수요함수식을 수식으로 나타내면 다음과 같다.

❖ 노동에 대한 총수요함수식

$$L^D = L^D\left(\frac{W}{P}\right), \quad \frac{dL^D}{d(\frac{W}{P})} < 0 \tag{5.5}$$

위 식을 그림으로 나타내면 다음의 <그림 5-3>과 같고, 실질임금에 대해 노동수요가 역(逆)의 관계를 가지므로 우하향(右下向)하는 기울기를 갖는다. 즉 실질임금의 상승은 노동수요의 감소를 가져오고 반대로 실질임금의 하락은 노동수요의 증가를 가져온다.

그림 5　3　노동의 총수요곡선

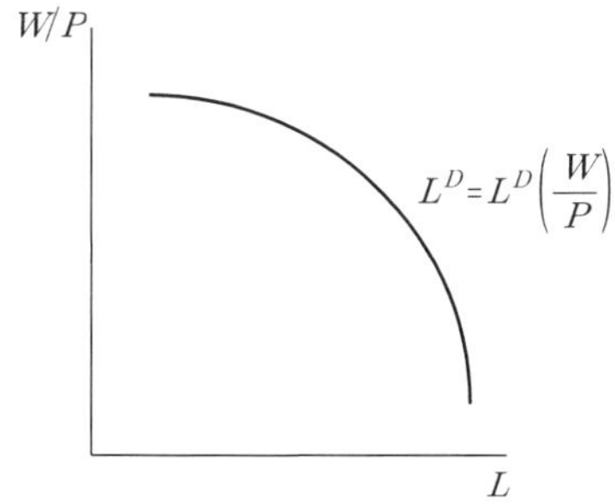

2) 노동의 총공급곡선(劳动总供给曲线)

노동의 공급은 노동자에 의해서 이뤄지고 노동의 공급을 결정하는 변수는 임금(工资)이다. 그런데 임금은 여가선택의 기회비용(机会成本)이라 할 수 있다. 임금의 상승은 노동공급을 늘리고 여가를 줄이려는 대체효과(substitute effect, 代替效应)와 임금의 상승으로 소득이 증가하여 여가를 증가시키려는 소득효과(income effect, 收入效应)를 동시에 유발시키게 된다. 일반적인 경우에 소득효과보다는 대체효과가 높게 나타나는데 이는 임금이 상승하게 되면 노동자들이 노동공급을 증가시킨다는 것을 의미한다.

노동공급함수를 실질임금의 함수로 나타내보면 다음과 같다.

$$L^S = L^S\left(\frac{W}{P}\right) \qquad \frac{dL^S}{d(\frac{W}{P})} > 0 \tag{5.6}$$

그림 5　4　노동의 총공급곡선

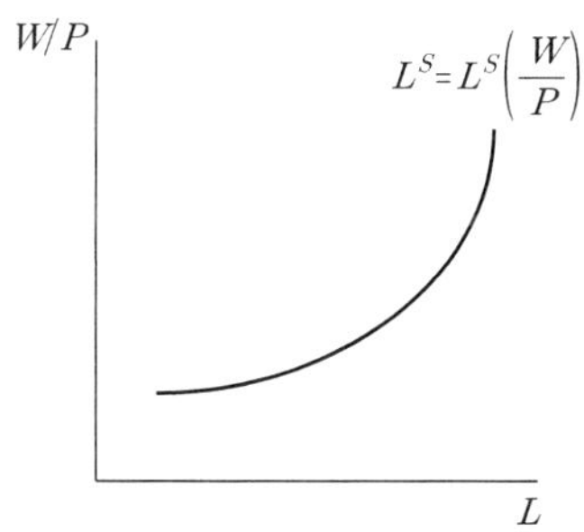

3) 노동시장의 균형(劳动市场均衡)

노동시장은 노동에 대한 수요와 공급이 일치할 때 균형을 이룬다. 고전학파의 경우는 노동공급에 화폐환상(货币幻想)이 존재하지 않는다고 가정하였으므로 노동자들은 실질임금에만 관심을 가진다고 상정한다.

❖ 노동시장의 균형조건

$$L^D = L^S$$

$$\Leftrightarrow \; L^D\left(\frac{W}{P}\right) = L^S\left(\frac{W}{P}\right) \qquad (5.7)$$

이러한 균형조건을 만족시키는 노동의 고용량을 균형고용량(완전고용수준 L_F)이라 하고 이때의 실질임금을 균형실질임금(均衡实际工资)이라 한다.

그림 5 5 노동시장의 균형

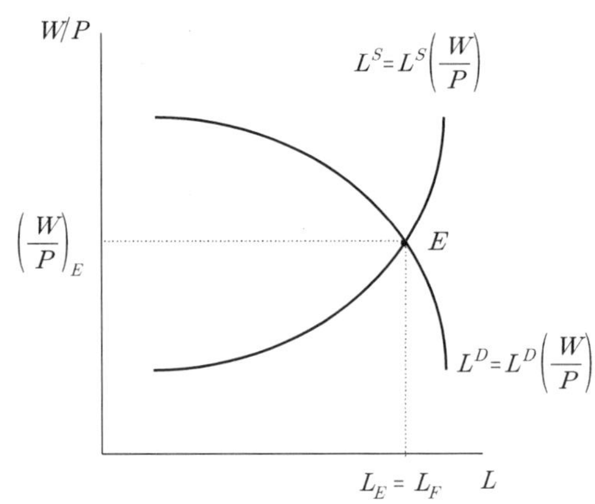

4) 균형국민소득의 결정(均衡国民收入的决定)

완전경쟁 노동시장(完全竞争劳动市场)에서 균형총고용량과 균형실질임금이 결정되며 이때의 균형총고용량은 완전고용량이 된다. 고전학파의 주장은 노동시장에서 결정된 이 균형총고용량을 투입하여 얻을 수 있는 총산출량수준이 균형총산출량수준 = 국민총공급 = 완전고용산출수준 Y_F이며 균형국민소득(均衡国民收入)이 된다는 것이다.

그림 5 6 균형국민소득의 결정

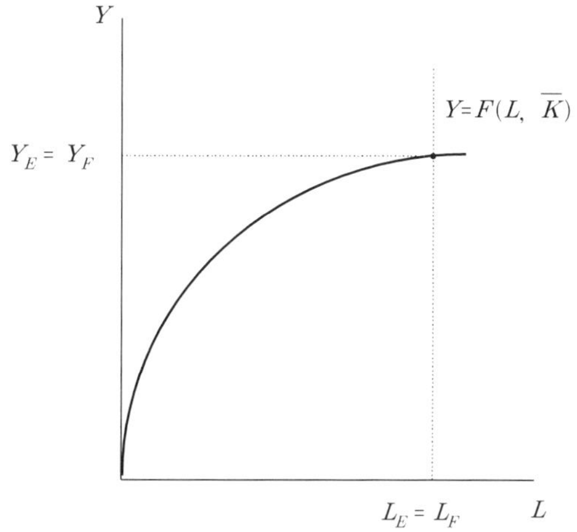

> **❖ 고전학파의 국민소득결정이론**
>
> 완전경쟁적 노동시장에서 완전고용수준이 보장되면 실물시장도 반드시 균형을 이루게 되고 따라서 이때의 균형은 완전고용산출수준이 된다.

Chapter 05 Summary

1. 고전학파의 기본가정 古典学派的基本假设

   ① 세이의 법칙 : 공급이 수요를 창출한다.

   ② 가격의 완전신축성을 가정하여 가격조정에 의한 균형회복

   ③ 화폐환상*이 존재하지 않음.

   * 화폐환상 : 어떤 재화의 수요나 공급을 결정하는 변수의 실질크기는 변화하지 않고 다만 명목적 크기만이 변화할 때에도 그 재화의 실질수요나 실질공급이 변동하는 것을 말함.

2. 고전학파 요약 古典学派的要点

   ① 경제 내에는 가격기구가 존재하며 가격의 신축성으로 노동을 포함한 모든 생산요소의 완전고용이 보장됨.

   ② 완전고용수준에서 생산된 모든 재화와 용역은 모두 팔리게 되므로 재화의 초과공급 없는 완전고용이 달성됨.

3. 고전학파의 국민소득결정이론 古典学派的国民收入决定理论

   ① 노동에 대한 총수요 劳动总需要

   $$L^D = L^D\left(\frac{W}{P}\right), \qquad \frac{dL^D}{d(\frac{W}{P})} < 0$$

   단, W : 임금, P : 물가

   ② 노동에 대한 총공급 劳动总供给

   $$L^D = L^S\left(\frac{W}{P}\right) \qquad \frac{dL^S}{d(\frac{W}{P})} > 0$$

   ③ 노동시장의 균형조건 劳动市场的均衡条件

   $$L^D = L^S \quad \Leftrightarrow \quad L^D(\frac{W}{P}) = L^S(\frac{W}{P})$$

   ④ 단기총생산함수 短期总生产函数

   $$Y = F(L,\ \overline{K})$$

   단, Y : 경제전체의 총생산량(실질 GDP), L : 노동의 총고용량,
   $\overline{K}$: 총자본량(단기 고정 가정)

   ⑤ 완전경쟁 노동시장에서 균형총고용량과 균형실질임금이 결정되며 이때의 균형총고용량은 완전고용량이 됨.

4. 고전학파의 국민소득결정이론 : 완전경쟁적 노동시장에서 완전고용수준이 보장되며 실물시장도 반드시 균형을 이루게 되고 따라서 이때의 균형은 완전고용산출수준이 됨.

Chapter 05 Example of Exam.

1. 고전학파의 기본가정을 설명하라.

2. 고전학파의 모형에 의해 노동시장의 균형을 설명하라.

3. 고전학파의 국민소득 결정이론을 설명하라.

Chapter 06 케인즈의 국민소득 결정이론

凯恩斯的国民收入决定理论

- 케인즈학파의 기본가정 凯恩斯学派的基本假定
- 유효수요이론 有效需要理论
- 임금의 하방경직성 工资的下降刚性
- 소비함수, 투자함수 消费函数 投资函数
- 인플레이션갭, 디플레이션갭 通货膨胀缺口 通货紧缩缺口
- 총수요관리정책 总需求管理政策
- 승수효과 乘数效应

6.1 케인즈단순모형의 기본가정

凯恩斯单纯模型的基本假定

(1) 케인즈단순모형의 기본가정(凯恩斯单纯模型的基本假定)

케인즈학파의 거시경제이론은 다음과 같은 기본가정을 전제로 하고 있다. 이러한 가정의 바탕에는 앞서 살펴본 바 있는 케인즈학파의 경제관을 바탕으로 하고 있는데 이는 경제의 수요측면이 공급측면보다 중요한 역할을 한다는 경제관을 반영한다.

1) 유효수요이론(Effective Demand Theory, 有效需要理论)

첫 번째 가정은 유효수요이론이다. 이는 "(구매력을 갖는) 수요가 그 자신의 공급을 창조한다"는 것으로 고전학파의 세이의 법칙(萨伊定律)과는 상반되는 것이다. 고전학파에서는 세이의 법칙 즉 초과공급이 발생하는 경우 새로운 수요의 발생으로 과잉생산이 해소되고, 투자는 이자율을 매개로 항상 투자와 일치하여 완전고용균형(完全就业均衡)을 달성한다고 본다. 반면 케인즈는 세이의 법칙을 부정하는데 그 이유는 저축과 투자의 주체가 달라 저축된 돈이 투자로 연결되지 않고 은행에 유휴자금으로 남을 수 있고 저축이 지나쳐 상품에 대한 수요부족이 발생할 수 있기 때문에 과잉생산이나 과소소비와 같은 불균형상태가 나타날 수 있다고 주장한다.

케인즈는 이러한 과잉생산을 제거하기 위해서는 저축만큼 투자가 필요하고 민간부문의 투자가 충분하지 못할 경우 정부의 적극적인 공공투자에 의해 수요의 창출 즉 유효수요를 증대시키는 것이 필요하다고 역설하였다. 즉 케인즈는 경제전체의 생산량 및 고용량은 국민경제전체의 소비와 투자 같은 유효수요(혹은 총수요)에 의해 결정된다는 것이다. 이 같은 케인즈 주장은 1930년대의 대공황과 같은 대량실업과 잉여생산능력이 있는 경제에서는 수요만 있으면 생산은 얼마든지 가능하기 때문에 보다 설득력을 갖는 것이었다.

2) 물가와 생산요소가격의 경직성(物价与生产要素价格的僵硬性)

케인즈는 가격이나 임금 및 이자율과 같은 요소가격들이 고전학파가 생각한 것처럼 상하양방으로 완전신축적이지 않으며 오히려 하방경직성(下放僵硬性)을 지니고 있다고 생각하였다. 즉 경제에 불황이 지속되고 실업이 늘어나더라도 물가나 임금은 쉽게 떨어지지 않는다고 주장하였다. 따라서 경제의 불균형이 발생한 경우에 가격이 조정돼서 균형을 회복되지 못하며 불균형을 제거하기 위해서는 수량조정이 이뤄져야 한다고 생각하였다.

❖ 임금의 하방경직성

케인즈는 비자발적 실업이 임금의 하방경직성으로 인해 발생한다고 주장하였다. 따라서 경제의 회복을 위해서는 가격조정이 아닌 수량조정이 필요하다고 주장하였다.

3) 화폐환상이 존재한다(有货币幻想)

케인즈는 시장에서 수요와 공급행위 특히 노동시장의 노동공급에서 화폐환상이 존재한다고 보았다. 즉 노동자들의 노동공급이 실질임금이 아닌 명목임금에 의해 자신의 노동의 공급을 결정한다는 것이다.

❖ 케인즈학파 기본가정

- 유효수요이론 : 수요가 공급을 창출한다.
- 가격의 경직성을 가정하여 수량조정에 의한 균형회복
- 화폐환상이 존재함

6.2 케인즈의 단순 국민소득결정이론
凯恩斯的单纯国民收入决定理论

(1) 생산물총수요(产量总需求)

생산물에 대한 수요는 크게 보면 민간이 수요하는 부분과 기업이 수요하는 부분으로 나눌 수 있다. 이때 민간이 수요하는 부분을 소비수요(Consumption demand : C, 消费需求)라 하고, 기업이 수요하는 부분을 투자수요(Investment demand : I, 投资需求)라 한다. 그 밖에 정부부문의 수요인 정부지출(Government expenditure : G, 政府支出)이나 해외부문의 수요인 수출(Export : X, 出口)도 존재한다. 따라서 생산물총수요(Aggregate demand, 产量总需求)는 가계의 소비수요, 기업의 투자수요, 정부의 정부지출, 해외의 수출수요를 모두 합한 것과 같다. 그런데 이러한 수요에는 국내 생산물에 대한 수요뿐만 아니라 해외생산물에 대한 수요가 포함되어 있으므로 국내생산물에 대한 총수요를 계산하기 위해서는 해외생산물의 수요를 빼주어야 한다. 이를 식으로 나타내면 다음과 같다.

$$
\begin{aligned}
Y^D &= (C - C_m) + (I - I_m) + (G - G_m) + X \\
&= C + I + G + X - M \qquad (6.1) \\
&(\text{단, } \quad M = C_m + I_m + G_m)
\end{aligned}
$$

그러나 우리가 지금 배우는 케인즈 단순모형에서는 가계와 기업만이 존재한다고 가정하고 정부부문과 해외부문을 제외하여 모형을 단순화시킨다. 따라서 (6.1)식은 다음과 같이 단순화된다.

$$Y^D = C + I \tag{6.2}$$

(2) 소비수요(Consumption Demand, 消費需求)

소비수요란 사전적으로 계획된 소비 혹은 의도된 소비(desired consumption, 计划消费)를 의미한다.(cf. 소비지출 : 사후적으로 실현된 소비) 케인즈는 여러 요인들중(소득, 물가, 이자율 등)에서 소비가 소득에 의해서 결정된다고 보았다. 즉 소비는 소득의 함수라고 주장하였다.

$$C = C(Y) \tag{6.3}$$

여기서 Y는 실질소득 또는 실질 GDP, C는 실질 소비수요이며 소비수요가 소득의 증가함수라는 것이다.

케인즈의 소비함수를 1차함수로 단순화한 것이 다음의 케인즈 단순소비함수이다.

$$\begin{gathered} C = a + bY \\ \text{단, } a > 0,\ 0 < b < 1 \end{gathered} \tag{6.4}$$

위 (6.4)식에서 'a'는 기초소비 혹은 절대소비(绝对消费)를 가리키며 소득수준과 무관한 생존(生存)을 위해 소비해야 하는 최소한의 소비수준을 말한다. 'b'는 한계소비성향(Marginal propensity to consumption : MPC, 边际消费倾向)을 의미하며 소득 1단위 변화에 따라서 소비가 얼마나 변화하는가를 나타낸다.

❖ 소비함수의 의미

- a = 기초소비(절대소비) = Y가 0일 때의 소비수준 (단, $a > 0$)
- b = 한계소비성향 = $\dfrac{\Delta C}{\Delta Y}$ = MPC (단, $0 < b < 1$) (6.5)

한계소비성향의 값이 0과 1사이의 값을 갖는다는 것은 "소득이 증가할 때 소비가 증가하지만($b > 0$), 소득증가 만큼은 증가하지는 않는다($b < 1$)"는 합리적 소비를 가정한 것이다.

그림 6 1 케인즈의 소비함수

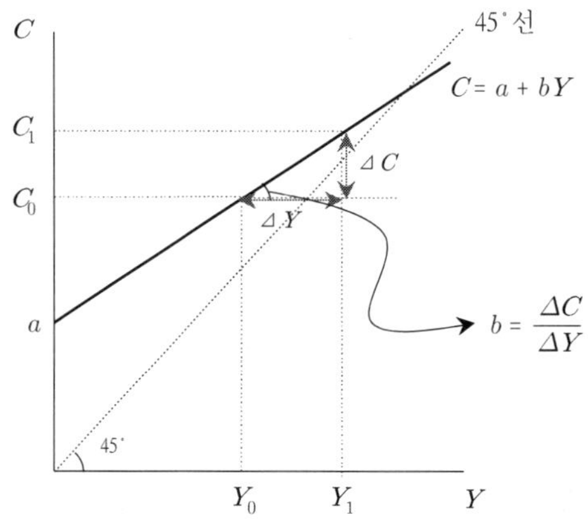

소비함수로부터 저축함수(Saving function, 储蓄函数)를 유도할 수 있다. 저축은 소득중 소비하고 남은 부분($Y = C + S$)이므로 다음과 같이 나타낼 수 있다.

$$S = Y - C = Y - (a + bY) = Y - a - bY$$
$$\therefore\ S = -a + (1-b)Y \qquad (6.6)$$

(6.6)식에서 '$-a$'는 소득이 0일 때의 저축수준을 나타내므로 負(−)의 저축수준을 의미하며 '$(1-b)$'는 한계저축성향(marginal propensity to saving : MPS, 边际消费倾向)으로 소득 1단위 변화에 따른 저축수준의 변화를 나타낸다. 따라서 이 같은 저축수준을 그림으로 나타내보면 다음과 같다.

그림 6 2 케인즈의 저축함수

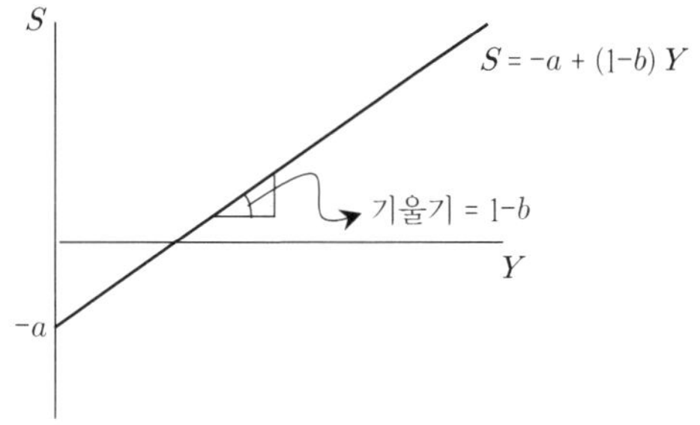

(3) 투자수요(Investment Demand, 投资需要)

투자수요는 사전적으로 계획된 투자(cf. 투자지출 : 사후적으로 실현된 투자)를 의미한다. 투자수요는 이자율이나 소득에 의해서 영향을 받는다. 투자는 이자율과 역(−)의 관계에 있으므로 이자율이 낮아질수록 투자는 증가하고, 소득과는 정(+)의 관계에 있어 소득증가에 따라 투자도 늘어나게 된다.

그러나 단순케인즈모형에서는 이론모형의 단순화를 위해 소득과 무관한 독립투자만 존재한다고 가정한다. 즉 소득의 증가에 따라 증가하는 유발투자(Induced investment, $I = I(Y)$, 诱发投资)는 단순케인즈모형에서 고려하지 않는다.

$$\text{투자함수} : I^D = \overline{I} = I_0 \tag{6.7}$$

그림 6 3 케인즈의 투자함수(단독투자만 있는 경우)

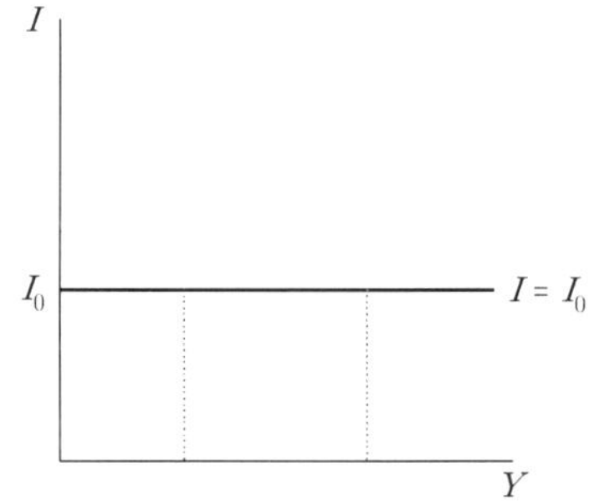

(4) 균형국민소득결정(均衡国民收入决定)

❖ 케인즈 단순국민소득결정모형

<총수요함수식> $C = a + bY\,(a > 0,\ 0 < b < 1)$ (6.8)

$I = I_0$ (6.9)

$Y^D = C + I = a + bY + I_0$ (6.10)

<총공급함수식> $C = a + bY\,(a > 0,\ 0 < b < 1)$ (6.11)

$S = -a + (1-b)Y$ (6.12)

$Y^S = C + S = Y$ (6.13)

<균형조건식> $Y^D = Y^S = Y^E$ (6.14)

(6.14)식의 균형조건식($Y^D = Y^S$)은 총수요와 총공급이 일치하는 수준에서 결정되는 국민소득수준이 균형국민소득(均衡国民收入)이 됨을 의미한다. 그런데 (6.13)식의 총공급곡선은 $Y^S = Y$로 수직절편이 0이고 기울기 = 1인 직선(즉, $Y^S = 0 + 1 \cdot Y$)이므로 원점을 지나는 45˚선이다. 따라서 총수요곡선과 45˚선이 만나는 점에서 균형국민소득(Y^E)이 결정된다.

그림 6 4 균형국민소득의 결정

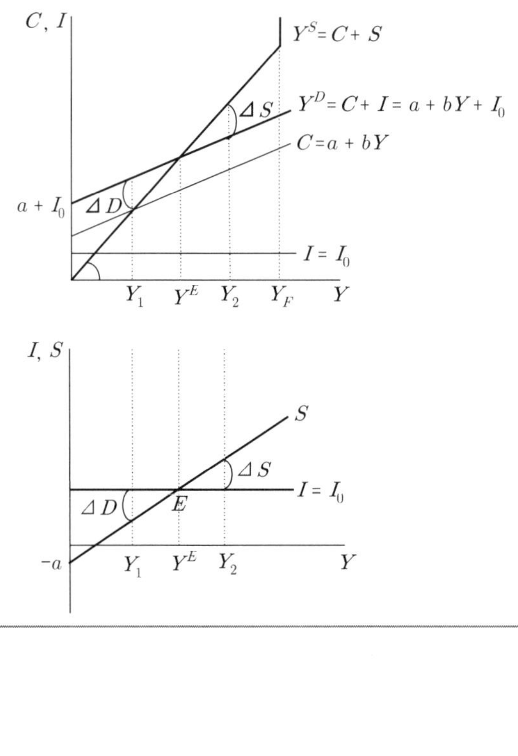

(5) 균형으로의 조정과정(均衡调整过程)

균형국민소득의 결정은 <그림 6-4>에서처럼 총수요와 총공급이 일치하는 수준인 Y^E에서 결정된다. 경제가 만일 균형상태에 있지 않더라도 경제는 자동조정과정을 거쳐 균형으로 복귀하려는 힘이 존재한다.

1) 총수요와 총공급에 의한 설명(总需要与总供给说明)

① **$Y_1(Y_1 < Y_E)$인 경우** : 총수요 > 총공급 ⇒ 즉 초과수요(ΔD) 발생 ⇒ 가격조정이 아닌 수량조정에 의해 기업의 생산증가 ⇒ 총수요 = 총공급이 일치하는 E점까지 생산증가 ⇒ 경제는 다시 균형을 회복

② **$Y_2(Y_1 > Y_E)$인 경우** : 총공급 > 총수요 ⇒ 즉 초과공급(ΔS) 발생 ⇒ 가격조정이 아닌 수량조정에 의해 기업의 생산감소 ⇒ 총수요 = 총공급이 일치하는 E점까지 생산감소 ⇒ 경제는 다시 균형을 회복

결국 경제의 균형은 총수요와 총공급이 일치하는 Y^E에서 달성되고 이때의 국민소득수준은 곧 균형국민소득수준이 된다.

2) 투자와 저축에 의한 설명(投资与储蓄说明)

총수요와 총공급이 일치하는 수준에서 균형국민소득이 결정된다는 것은 투자와 저축수준이 일치하는 수준에서 균형이 달성된다는 것과 같은 의미이다.

$$Y^D(= \text{₵} + I) = Y^S(= \text{₵} + S)$$
$$\therefore \; I = S \qquad (6.15)$$

만일 경제가 균형상태에 있지 않는 경우 즉 $I \neq S$인 경우에 경제가 균형으로 조정되는 과정을 설명하면 다음과 같다.(<그림 6-4>)

① **$Y_1(Y_1 < Y_E)$인 경우** : 투자 > 저축($I > S$) ⇒ 투자초과($\Delta D > 0$) 발생 ⇒ 즉 소비주체가 계획하는 저축수준이 생산주체가 계획하는 투자수준보다 적어서 ΔD만큼의 재고감소를 가져옴 ⇒ 기업의 생산증가 ⇒ $I = S$가 성립하는 수준까지 생산증가

② $Y_2(Y_1 > Y_E)$인 경우 : 투자 < 저축($I < S$) ⇒ 저축초과($\Delta D < 0$) 발생 ⇒ 즉 소비주체가 계획하는 저축수준이 생산주체가 계획하는 투자수준보다 커서 ΔD만큼의 재고증가를 가져옴 ⇒ 기업의 생산감소 ⇒ $I = S$가 성립하는 수준까지 생산감소

결국 경제는 균형국민소득 Y^E에서 사후적인 투자와 저축은 물론 사전적인 투자와 저축도 일치하게 된다.

6.3 디플레이션 갭과 인플레이션 갭
通货紧缩缺口与通货膨胀缺口

(1) 디플레이션 갭(通货紧缩缺口)

디플레이션 갭(deflation gap, 通货紧缩缺口)은 완전고용 국민소득수준(Y_F)에서 총수요가 총공급수준에 미치지 못하는 경우로 완전고용 산출수준을 달성하기에는 총수요가 부족한 경우를 의미한다.

그림 6 5 디플레이션갭

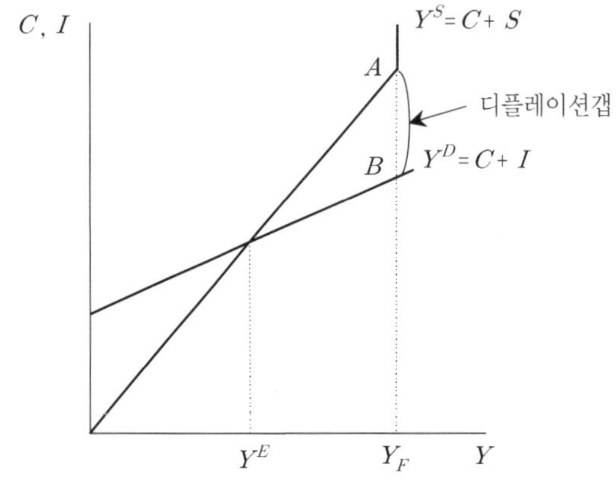

<그림 6-5>에서 균형국민소득 Y^E가 총수요(Y^D)와 총공급(Y^S)이 일치하는 수준에서 결정되지만 완전고용 산출수준 Y_F에 미치지 못한다. 완전고용(充分就业) 산출수준에서 총공급수준은 총수요수준보다 AB만큼 큰데, 이를 디플레이션갭(通货紧缩缺口) 또는 경기침체갭이라 한다. 균형산출수준이 완전고용 산출수준과 일치되도록 하기 위해서는 총수요를 디플레이션갭인 AB만큼 증가시켜야 한다.

케인즈는 일반적으로 경제에는 디플레이션갭이 존재하여 균형국민소득(均衡国民所得)이 완전고용국민소득보다 낮은 경우가 일반적이라고 주장했다. 이는 경제 내에 존재하는 노동과 자본과 같은 생산요소가 완전고용 되지 못하고 실업과 같은 유휴상태에 있기 때문이라는 것이다. 고전학파의 이론에서는 노동시장과 자본시장에서 가격조절기능에 의해 항상 완전고용이 달성되고 이에 완전고용산출수준에서 경제가 균형을 이룬다는 주장이지만 케인즈는 불완전고용상태에서도 균형은 존재하며 이 같은 불완전고용 산출수준이 현실경제에서 보다 일반적이고 완전고용은 매우 특수한 경우에 해당된다고 주장하였다.

케인즈는 경제가 이 같은 불완전고용 산출수준에 있을 때 정부가 경제에 적극적으로 개입하여 총수요를 디플레이션갭만큼 증가시키게 되면 경제를 완전고용 산출수준에 도달케 할 수 있다고 생각하였다.

(2) 인플레이션 갭(通货膨胀缺口)

경제의 자원량이 한정되어 있지 않다면 균형국민소득수준은 <그림 6-6>에서처럼 총수요곡선과 총공급곡선이 만나는 Y^E수준에서 결정되어야 한다. 그러나 현실적으로 경제에는 노동과 자본 같은 생산요소가 제한되어 있어 이들 자원이 완전고용되어 생산 가능한 수준 즉 완전고용 산출수준(Y_F)을 넘어서 지속적으로 생산할 수가 없다. 따라서 경제는 Y_F수준을 넘어서 생산할 수 없어 CD만큼 초과수요(총수요 > 총공급)가 발생하게 된다. 인플레이션 갭(inflation gap, 通货膨胀缺口)은 완전고용 국민소득수준(Y_F)에서 총수요가 총공급수준을 초과하는 경우로 완전고용산출수준 이상으로 총수요가 과다한 경우를 의미한다. 이 같은 경제의 초과수요는 인플레이션압력으로 작용하여 물가를 상승케하고 경제를 불안정하게 만든다.

따라서 완전고용산출수준 Y_F수준에서 이 같은 인플레이션압력을 제거하기 위해서는 총수요를 CD만큼 줄여주면 된다. 케인즈는 이처럼 경제에 인플레이션압력이 존재할 때는 정부가 총수요억제정책을 시행해서 인플레이션을 제거할 수 있다고 주장하였다.

그림6 6 인플레이션갭

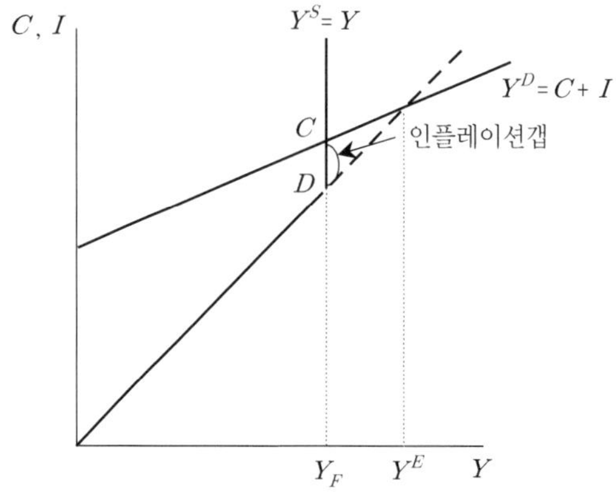

(3) 정부부문의 도입(政府部门引进)

케인즈는 정부가 총수요를 적절히 조정하면 디플레이션갭과 인플레이션갭을 제거하여 경제를 안정시킬 수 있다고 생각하였다. 케인즈가 자신의 이론을 주창하였던 1930년대의 세계대공황(大萧条) 시기는 수요가 부족하여 디플레이션갭이 발생하였던 시기라고 할 수 있다. 이 같은 수요부족시기에는 완전고용균형을 이루기 위해서 케인즈는 정부가 재정지출확대를 통해서 총수요확대정책(总需求扩大政策)을 펴서 실업을 제거하고 경제를 완전고용 산출수준으로 회복시킬 수 있다고 주장하였다. 이처럼 정부가 총수요를 인위적으로 확대 또는 감소시키는 정책을 총수요관리정책(总需求管理政策)이라 한다.

정부의 총수요관리정책을 살펴보기 위해 앞서 케인즈의 단순 국민소득결정모형에 정부부문을 추가하면 수요(지출)측면에서는 정부지출(Government Expenditure)이 추가되고 공급(소득)측면에서는 조세(Tax, 租税)가 추가된다. 즉 정부는 국방, 경찰 등 공공서비스를 제공하기 위해서 정부지출을 하며 이러한 지출은 가계와 기업으로부터 세금을 거둬들여 그 재원을 마련한다.

<총수요> $Y^D = C + I + G$

<총공급> $Y^S = C + S + T$

총수요관리정책은 불완전고용(실업)과 인플레이션을 제거하여 경제가 완전고용수준에서 안정을 이루도록 하는 것이다. 이에 이를 경제안정화정책(经济稳定化政策)이라고도 한다. 정부는 인플레이션갭이 존재하는 경우에 총수요억제정책을 펴고, 디플레이션 갭이 존재하는 경우

에는 총수요확대정책을 시행하여 완전고용 산출수준에서 경제가 균형을 이루도록 한다.

그림 6 7 총수요관리정책

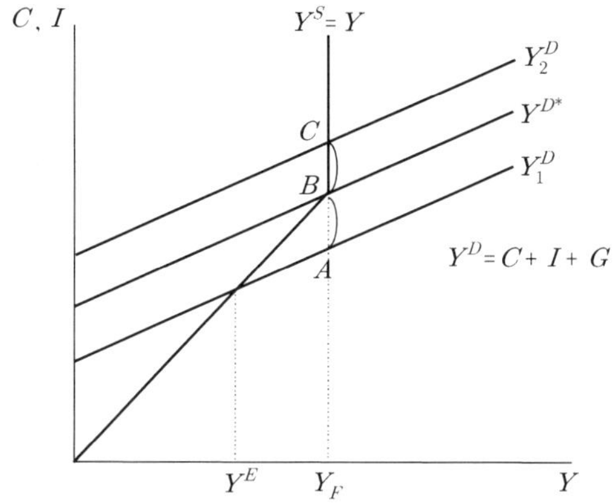

좀더알아보기

정부의 기능

시장경제에서 시장과 정부의 기능은 상호 보완이 불가피합니다. 정부 기능의 범위에 대한 논의의 핵심은 정부가 무엇을 해야 하고 무엇을 하지 말아야 하는가, 그리고 어떤 수단을 어떻게 사용할 것인가라고 할 수 있습니다.

시장경제에 대한 정부의 개입 정도는 나라마다 상당한 차이가 있지만 시장개입의 목적이 시장실패의 보완과 형평의 개선에 있다는 데 어느 정도 국제적인 공감대가 형성되어 있습니다. 어떤 사람은 형평의 개선을 시장실패의 보완에 포함시켜 논의하기도 합니다.

	시장실패의 보완			형평의 개선
최소 기능	**공공재 공급** • 국방 • 사유재산권 보호	• 법과 질서 확립 • 거시경제안정 유지	• 공중보건	**빈곤층 보호** • 빈곤 퇴치 • 재난 구호
중간 기능	**외부효과 개선** • 의무교육 제공 • 환경 보호	**독점 규제** • 공익사업 관리 • 반독점정책	**불완전 정보 극복** • 보험(의료·생명·연금) • 금융규제 • 소비자보호	**사회보험 제공** • 연금을 통한 소득 분배 • 빈곤층을 위한 공적부조 • 실업보험
적극적 기능	민간경제활동 조정 • 시장기능 활성화(공기업 민영화, 규제완화 등) • 유인 제공			소득 재분배

자료 : 세계은행, World Development Report

6.4 승수이론
乘数理论

케인즈단순모형에서 독립투자, 정부지출, 절대소비와 같이 국민소득이나 이자율에 관계없이 이루어지는 독립지출이 증가하면 국민소득은 독립지출 변화분의 몇 배 이상으로 증가하게 되는데 이를 승수효과(multiplier effect, 乘数效应)라 한다. 승수효과를 이해를 위해 다음의 예를 살펴보자.

예 100억원의 투자지출(반도체 공장 건설)

⇒ 공장 건설에 참여한 생산요소들의 소득으로 100억 발생
⇒ 이들 소득은 일부 소비되고 나머지는 저축
⇒ 이 소비지출은 다시 다른 사람들의 추가적인 소득이 됨
⇒ 이상의 소득창출과정이 무한 반복됨

이 같은 소득창출과정으로 발생되는 소득을 계산해보면 다음과 같다.

초기의 투자지출액 $\Delta I_0 = 100$억 투입 시

⇒ 한계소비성향 $b = 0.5$라 가정하면 50억 소비 발생하고 50억 저축이 발생
$\therefore$ 0.5×100억$=50$억, $(1-0.5) \times 100$억$=50$억 저축

⇒ 50억의 소비는 다른 사람의 소득의 증가로 나타나고 이중 25억 소비발생
$\therefore$ $0.5 \times (0.5 \times 100$억$) = 25$억

⇒ 이 같은 과정이 무한히 반복될 경우 새로운 소득창출은 다음과 같다.

결국 소득의 증가분들은	100억	$(=\Delta I_0)$
	$+0.5 \times 100$억	$(= b \times \Delta I_0)$
	$+0.5 \times (0.5 \times 100$억$)$	$(= b^2 \times \Delta I_0)$
	……	……

이며, 이를 일반식으로 정리하면 (6.16)과 같다.

$$\Delta Y = \Delta I_0 (1 + b + b^2 + b^3 + \cdots) = \frac{1}{(1-b)} \cdot \Delta I_0 = \frac{1}{(1-0.5)} \times 100\text{억} = 200\text{억} \tag{6.16}$$

(6.16)식을 투자승수식이라 하고 $\frac{1}{1-b}(=\frac{1}{1-\mathrm{MPC}})$는 투자승수(investment multiplier, 投资乘数)로서 한계소비성향(边际消费倾向)인 b가 크면 클수록 투자승수효과는 더욱 커진다.

6.5 케인즈단순모형의 예
凯恩斯单纯模型举例

이상에서 배운 케인즈의 단순모형을 다음의 간단한 문제를 통해 이해해보자.

(총수요)	$Y^D = C + I^D$	(6.17)
(소비함수)	$C = a + bY$	(6.18)
(투자수요)	$I^D = I_0$	(6.19)
(균형조건)	$Y^D = Y^S = Y = Y^E$	(6.20)
(완전고용국민소득)	$Y^E = Y_F$	(6.21)

(1) 한계소비성향(MPC)와 한계저축성향(MPS)를 구하라.

(6.18)의 소비함수식에서 b = MPC = 한계소비성향이므로 $1 - b$ = MPS = 한계저축성향을 나타냄

(2) 투자승수를 구하라.

투자승수 $= \frac{1}{1-b}(=\frac{1}{1-\mathrm{MPC}})$

(3) 균형실질국민소득(Y^E)을 구하라.

$Y^D = C + I^D = a + bY + I_0$

$Y^S = C + S = Y$

균형조건식 $Y^D = Y^S$에 대입하면 $a + bY + I_0 = Y$이므로 균형산출수준 혹은 균형소득수준은 $Y^E = \frac{a+I_0}{1-b}$이 된다.

(4) Y_E의 결정을 그림으로 나타내고 케인즈의 국민소득결정이론을 설명하라.

그림에 의한 설명은 <그림 6-4>의 설명과 같다.

(5) 저축함수를 구하라. 저축이 0인 분기점을 이루는 소득수준을 구하라.

저축함수는 $S = Y - C$이므로 $S = Y - a - bY = -a + (1-b)Y$이다. 따라서 $S = 0$의 소득수준은 $Y = \frac{a}{1-b}$ 이다.

(6) 투자함수와 저축함수에 의해 균형국민소득결정을 구하고 이를 그림으로 보여라.

균형조건식 $Y^D = Y^S$는 $C + I = C + S$이므로 $I = S$와 같다. 따라서 $I_0 = -a + (1-b)Y$를 정리하면 (3)번 문제의 $Y^E = \frac{a+I_0}{1-b}$와 같은 결과를 얻을 수 있다.

(7) 완전고용산출수준 Y_F을 달성하기 위해서 투자지출은 어떤 수준이어야 하는가?

균형산출수준이 완전고용산출수준과 같아질 때의 투자수준($I^D = I_0$)을 구하는 것이므로 균형조건식은 $a + bY_F + I_0 = Y_F$가 되고 이를 충족하는 투자수준은 $I_0 = -a + (1-b)Y_F$이다.

6.6 경제학의 계보

经济学的家谱

경제학은 경제문제를 다루는 사회과학이다. 경제문제는 시대와 사회에 따라 변화되어 왔으므로 경제이론도 그에 따라 변천되어 왔다.

중상주의(Mercantilism) : Thomas Mun, William Petty

⇓

중농주의(Physiocracy School) : Francois Quesnay, M. Mirabeau

⇓

고전학파(Classical School) : A. Smith, D. Ricardo, A. Marshall

케인즈학파(Keynesian)

⇓

통화론자(Monetarist) : M. Friedman

신고전파종합(New-Classical) : P. Samuelson

신고전파종합(New-Classical) : J.B. Taylor, S. Fisher, O. Blanchard

⇓

새고전학파(합리적 기대학파)
(New Classical, Rational Expectation) : R. Lucas, T. Sargent

(1) 중상주의(重商主义)

▸ 대항해시대 15~18세기

15세기 중엽 ~ 18세기 중엽에 자본주의 초기단계인 상업자본주가 형성되는 시기에 나타난 경제사상과 경제정책체계를 말한다. 그 당시는 근대민족국가를 세우기 위해서 정부 주도하의 적극적인 부국강병책이 필요했고 나라가 부강하기 위해서는 정부의 보호와 지원 하에서 중요 산업을 적극 육성하고 가급적 수출을 많이 하고 수입을 적게 함으로써 무역차액을 극대화하는 것이라 여겼다.

<특징> 국부(National Wealth 国富)는 금 · 은과 같은 귀금속을 국가가 많이 보유하는 것이라 생각하였다. 강력한 보호무역주의로 식민지 개척 및 인근궁핍화정책을 실시하였고, 수출위주의 경제성장을 지향하였다.

(2) 중농주의(重农主义)

▸ 프랑수아 케네(François Quesnay)

프랑스에서 18세기 후반에 케네에 의해 창시된 농업중심의 사상 및 정책을 말한다. 프랑스는 당시 인구의 90% 이상이 농민인 유럽제일의 농업국으로서 프랑스왕정이 중상주의에 의해 사치산업과 상업 및 무역만을 중시하고 농업을 경시하는 것에 대한 비판을 제기하였다.

<특징> 국부는 토지이며 농업을 중시했다. 중상주의와 달리 인위적인 보호, 간섭, 통제를 배척하고 자유방임주의를 채택하였다.

(3) 고전학파(古典学派)

▸ 아담 스미스(Adam Smith)

18세기 후반부터 19세기 중반까지 영국(英国)을 지배한 경제학파이다. 고전학파의 시조 아담 스미스는 『국부론』(国富论)에서 산업혁명이 본격적으로 시작되는 시기에 그 당시 지배계급이던 특권상인들이 중상주의 정책에 의해 보호무역과 정부간섭을 유지하려는 것에 대해 정부의 간섭은 자생적으로 성장하는 산업자본가와 일반시민들에게 불필요한 족쇄를 채우는 것으로 이들의 자유로운 경제활동을 보장하는 자유방임과 자유무역이론을 제시하였다.

<특징> 국부의 원천은 노동의 생산물이다. 최소의 정부, 자유방임을 주장하였다.

(4) 역사학파(历史学派)

19세기 독일(德国)의 리스트(Friedrich List, 再到李斯特)에 의해 주장되었다. 당시 독일은 당시 선진국이던 영국의 산업과 경쟁할 수 없는 상태인 초기 공업화상태에 있었다. 이에 영국

▸ 프리드리히 리스트(Georg Friedrich List)

과 자유무역을 계속하게 되면 독일의 공업은 발전할 수 없는 상황이었다. 역사학파의 입장은 경제이론(经济理论)이 아무리 합리적이고 정교하다 해도 시간과 공간에 모두 보편적일 수는 없으며 자국의 경제상황이나 발전단계에 따라 다를 수 있다는 것이다. 이들은 독일이 경제적 후진성을 탈피하여 농공상태에 이르기까지 영국과는 달리 보호무역주의(贸易保护主义)와 적극적인 유치산업(幼稚产业) 육성정책을 실시해야 함을 주장하였다.

Chapter 06 Summary

1. 케인즈의 기본가정
   ① 유효수요이론 : 수요가 공급을 창출함
   ② 가격의 경직성을 가정하여 수량조정에 의한 균형회복
   ③ 화폐환상이 존재함

2. 케인즈의 소비함수 : 소득의 증가함수

$$C = C(Y)$$

단, Y: 실질소득, C: 실질소비수요

◈ 케인즈의 단순소비함수

$$C = a + bY$$

단, $a > 0,\ 0 < b < 1$

a = 기초소비(절대소비) = Y가 0일 때의 소비수준(단, $a > 0$)

$b = \frac{\Delta C}{\Delta Y}$ = MPC(한계소비성향) (단, $0 < b < 1$)

3. 케인즈의 저축함수 : 소비함수로부터 유도

$$S = Y - C = Y - (a + bY) = Y - a - bY$$

$$\therefore\ S = -a + (1 - b)Y$$

4. 케인즈의 투자함수 : 단순케인즈모형에서는 소득과 무관한 독립투자만 존재한다고 가정

$$I^D = \overline{I} = I_0$$

5. 케인즈의 생산물 총수요

가계의 소비수요, 기업의 투자수요, 정부의 정부지출, 해외의 수출수요를 모두 합한 것과 같음.

$$Y^D = (C - C_m) + (I - I_m) + (G - G_m) + X$$
$$= C + I + G + X - M$$
$$(단,\ M = C_m + I_m + G_m)$$

⇒ 케인즈단순모형에서는 가계와 기업만이 존재한다고 가정하여 정부부문(G)과 해외부문(X-M)을 제외함.

⇒ $Y^D = C + I$

6. 케인즈 단순국민소득결정모형

<총수요함수식> $C = a + bY(a > 0,\ 0 < b << 1)$

$I = I_0$

$Y^D = C + I = a + bY + I_0$

<총공급함수식> $C = a + bY(a > 0,\ 0 < b << 1)$

$S = -a + (1 - b)Y$

$Y^S = C + S = Y$

<균형조건식> $Y^D = Y^S = Y^E$

7. 균형으로의 조정과정

경제가 균형상태에 있지 않더라도 경제는 자동조정과정을 거쳐 균형으로 복귀하려는 힘이 존재함.

1) 총수요와 총공급에 의한 설명

① 총수요 > 총공급 ⇒ 즉 초과수요(ΔD) 발생 ⇒ 가격조정이 아닌 수량조정에 의해 기업의 생산증가 ⇒ '총수요 = 총공급'이 일치하는 수준까지 생산증가 ⇒ 경제는 다시 균형을 회복

② 총공급 > 총수요 ⇒ 즉 초과공급(ΔS) 발생 ⇒ 가격조정이 아닌 수량조정에 의해 기업의 생산감소 ⇒ '총수요 = 총공급'이 일치하는 수준까지 생산감소 ⇒ 경제는 다시 균형을 회복

⇒ 결국 경제의 균형은 총수요와 총공급이 일치하는 Y^E에서 달성되고 이때의 국민소득수준은 곧 균형국민소득수준이 됨.

8. 디플레이션 갭(deflation gap)

완전고용국민소득수준(Y_F)에서 총수요가 총공급수준에 미치지 못하는 경우로 완전고용산출수준을 달성하기에는 총수요가 부족한 경우를 의미함. 디플레이션갭이 발생하는 경우에 경제의 초과공급이 발생하여 실업이 발생함.

9. 인플레이션 갭(inflation gap)

완전고용국민소득수준(Y_F)에서 총수요가 총공급수준을 초과하는 경우로 완전고용산출수준 이상으로 총수요가 과다한 경우를 의미함. 인플레이션갭이 존재하는 경우에 경제의 초과수요가 발생하고 이는 인플레이션압력으로 작용하여 물가를 상승케하고 경제를 불안정하게 만듦.

10. 총수요관리정책

불완전고용(실업)과 인플레이션을 제거하여 경제가 완전고용수준에서 안정을 이루도록 하는 것임. 경제안정화정책이라고도 함. 정부는 인플레이션갭이 존재하는 경우에 총수요억제정책을 펴고, 디플레이션 갭이 존재하는 경우에는 총수요확대정책을 시행하여 완전고용산출수준에서 경제가 균형을 이루도록 함.

11. 승수효과

독립투자, 정부지출, 절대소비와 같은 독립지출이 증가하면 국민소득은 독립지출 변화분의 몇 배 이상으로 증가하게 되는데 이를 승수효과(multiplier effect)라 함.

$$투자승수 = \frac{1}{1-b}\left(= \frac{1}{1-\mathrm{MPC}}\right)$$

⇒ 한계소비성향(MPC)이 클수록 투자승수효과는 커짐.

Chapter 06 Example of Exam.

1. 케인즈의 기본가정에 대해 설명하라.

2. 케인즈의 유효수요이론을 설명하라.

3. 케인즈의 소비함수를 설명하시오.

4. 케인즈의 투자함수를 설명하시오.

5. 케인즈의 국민소득결정모형을 수식과 그림으로 설명하시오.

6. 케인즈의 국민소득결정모형을 통해 경제의 균형으로의 조정과정을 설명하시오.

7. 인플레이션갭을 설명하시오.

8. 디플레이션갭을 설명하시오.

9. 총수요관리정책을 설명하시오.

10. 케인즈의 승수효과에 대해 설명하시오.

11. 케인즈의 단순 국민소득결정모형에 관한 다음의 문제를 풀어라.

1) $Y^D = C + I^D$ (총수요)

2) $C = 0.6Y + 100$ (소비함수)

3) $I^D = 50$ (투자수요)

4) $Y^D = Y$ (균형조건)

5) $Y_F = 2{,}000$ (완전고용국민소득)

※ 모든 변수들은 상품수량으로 표시된 실질변수임

① MPC와 MPS를 구하라

② 투자승수를 구하라

③ 균형(실질)국민소득 Y^E을 구하라.

④ Y^E의 결정을 그림으로 보여라. 총수요선을 나타내는 방정식은?

⑤ 저축함수를 구하라. 저축이 0인 소득수준을 구하라.

⑥ 완전고용국민소득수준(Y_F) 2000을 달성하기 위해서 어떤 투자수요수준이 요구되는가?

Part 4

국민소득과 물가 : 총수요 · 총공급 이론

Chapter 07 총수요이론 : IS-LM모형
总需求理论 : IS-LM模型

- IS곡선의 개념과 도출 IS曲线的概念和导出
- IS곡선의 이동 IS曲线移动
- LM곡선의 개념과 도출 LM曲线的概念和导出
- LM곡선의 이동 LM曲线移动
- 생산물시장과 화폐시장의 동시균형 产量市场与货币市场的同时均衡
- 생산물시장과 화폐시장의 불균형 조정과정 产量市场与货币市场的不均衡的调整

7.1 총수요이론 : IS-LM모형
总需求理论 : IS-LM 模型

미시경제에서 가격과 거래량을 수요와 공급이론에 의해 설명하는 것과 같이 거시경제에서는 물가와 국민소득(생산수준)을 총수요와 총공급의 이론에 의해 설명한다.

거시경제는 생산물시장(상품시장), 화폐시장, 채권시장, 노동시장의 4개의 시장으로 구성된다. 「왈라스 법칙(Walras' law, 瓦尔拉定律」에 의해 3개의 시장에서 균형을 이루면 나머지 하나의 시장도 균형을 이루므로 생산물시장, 노동시장, 화폐시장의 균형만을 다룬다. 생산물시장과 화폐시장의 균형은 「총수요」(总需求)를 이루고 노동시장의 균형에 의해 「총공급」(总供给)이 결정되어진다.

고전학파와 케인즈학파는 안정화정책(재정 · 금융정책)의 효과와 필요성에 대해 상반된 견해를 갖고 있는데 이러한 견해의 차이는 결국 총공급곡선과 총수요곡선의 형태에 대한 각학파의 견해 차에 기인하는 것이다. 고전학파는 총공급곡선이 수직(垂直)이며, 케인즈학파는 총공급곡선이 수평(水平)하다고 주장한다. 이에 따라 각학파가 생각하는 안정화정책(총수요곡선을 변화시키는 정책 : 재정 · 금융정책, 财政 · 金融政策)에 대한 효과가 상이해진다. 즉 고전학파는 경제의 공급측면을 중시하는 반면, 케인즈는 수요측면을 중시하여 정책효과가 크게 달라지게 되는 것이다.

제7장과 제8장에서 우리는 두 학파간의 차이점을 총수요 · 총공급 이론에 의해서 설명할 것이다. 총수요곡선은 생산물시장(상품시장)과 화폐시장의 동시균형을 통해 도출되고 총공급곡선은 노동시장(劳动市场)의 균형과 총생산함수(总生产函数)로부터 도출된다. 여기서는 먼저 총수요측면에서 생산물시장과 화폐시장의 상호작용에 의해 이자율과 국민소득이 결정된다는 IS-LM곡선 이론을 살펴본다.

IS-LM모형은 총수요측면을 중시하면서 생산물시장과 화폐시장간의 상호작용까지를 고려하여 분석한다. 케인즈의 단순모형(单纯模型)에서는 이자율과 같은 화폐변수를 무시하고 생산물시장만을 분석하였지만, IS-LM모형에서는 화폐시장을 고려하여 이자율의 변화와 이에 따른 투자의 변화 등을 고려하여 보다 종합적인 분석이 가능하다. 다만 IS-LM모형에서는 물가(物价)가 고정되어 있다고 가정한다. 물가의 변화까지 고려한 모형은 제8장의 총수요 · 총공급이론에서 다루게 된다.

7.2 생산물시장의 균형 : IS곡선
产量市场均衡 : IS曲线

(1) IS곡선의 도출(IS曲线导出)

케인즈 단순모형식에서 총수요에 정부지출(Government expenditure : *G*, 政府支出)을 추가하고 투자함수를 보다 현실화하여 이자율(利率)의 함수로 가정한다. 케인즈의 단순모형에서는 생산물시장만을 고려하여 국민소득이 결정되었다. 그러나 현실경제에서 균형국민소득과 이자율은 상호 영향을 미치면서 결정된다.

앞서 제6장에서 다루었던 케인즈 단순모형에서 우리는 투자가 독립투자(独立投资)만 존재한다고 가정하였고 이에 투자가 이자율에 영향을 받지 않는다고 이론모형을 단순화하였다. 그러나 실제 이자율의 변화는 투자에 중대한 영향을 끼치고 이러한 투자의 변화는 다시 생산물시장에 영향을 미치게 된다. 이에 지금 배우는 IS-LM모형에서는 보다 현실적인 가정을 도입하여 투자가 이자율(利率)의 함수임을 가정하고 이론을 전개한다.

(총수요)	$Y^D = C + I^D + G$	(7.1)
(소비함수)	$C = a + b(Y - T)$	(7.2)
(투자함수)	$I^D = I(r) = I_0 - cr$	(7.3)
(정부부문)	$G = G_0,\ T = T_0$	(7.4)
(균형조건)	$Y^D = Y^S$	(7.5)

위 식에서 이자율을 제외한 모든 변수는 경상시장가격(명목가격)을 물가로 나눈 실질변수이다.

(7.3)의 투자함수식에서 투자(投资)는 이자율의 감소함수로 나타내져 있다. 이는 이자율이 상승하게 되면 투자는 감소한다는 것인데, 이는 이자율이 상승하게 되면 기업들이 투자의 현재가치가 떨어져서 투자를 기피하기 때문이다.

생산물시장의 균형을 나타내는 (7.5)식은 케인즈 단순모형에서와 마찬가지로 총수요 = 총공급에 의해 결정된다. 즉 총수요 [$Y^D = C + I^D + G$] = 총공급 [$Y^S = C + S + T$] 혹은 $I + G = S + T$식으로부터 도출된다. 생산물시장균형조건을 정리해보면 다음과 같다.

$$\begin{aligned} & Y^D = Y^S \\ \Rightarrow\ & \not{C} + I + G = \not{C} + S + T \\ \Rightarrow\ & I(r) + G = S(Y - T) + T \\ \Rightarrow\ & I_0 - cr + G_0 = S(Y - T_0) + T_0 \end{aligned} \qquad (7.6)$$

IS곡선은 위의 생산물시장의 균형조건을 만족시키는 이자율과 실질국민소득의 조합들이다. 즉 IS곡선은 생산물에 대한 계획된 총지출(총수요)과 실제 총지출을 일치시켜주는 이자율과 실질국민소득의 조합들을 연결한 곡선이다.

1) 직관적 유도(直观的推导)

IS곡선은 생산물시장을 균형 시키는 이자율과 실질국민소득의 조합들이므로 다음과 같은 직관적 방법에 의해서도 유도될 수 있다.

만일 ① 최초 균형상태에서 이자율 감소 ($r\downarrow$) → 투자수요 증가 ($I\uparrow$) → 생산물시장불균형 발생($I+G>S+T$) → 생산물시장의 균형($I+G=S+T$)을 위해서는 우변(= $S+T$)이 증가돼야 하므로 소득이 증가($Y\uparrow$)돼야 한다.

(생산물시장 초기균형) $I(r)+G=S(Y-T)+T$

(생산물시장 초과수요) $\Rightarrow I(r\downarrow)\uparrow+G>S(Y-T)+T$

(생산물시장 재균형) $\Rightarrow I(r\downarrow)\uparrow+G=S(Y\uparrow-T)\uparrow+T$

이자율 하락 → 투자수요 증가 → 총수요 증가 → 소득 증가 → 균형 회복

⇒ 초기균형상태에서 이자율 하락($r\downarrow$)하면 생산물시장균형을 위해서 소득이 증가($Y\uparrow$)해야 한다.

반대로 생산물시장을 균형시키는 어느 한 점에서 이자율이 상승할 경우에는 소득이 감소되어야 다시 생산물시장이 균형을 회복할 수 있다.

그림 7 1 IS곡선의 유도1

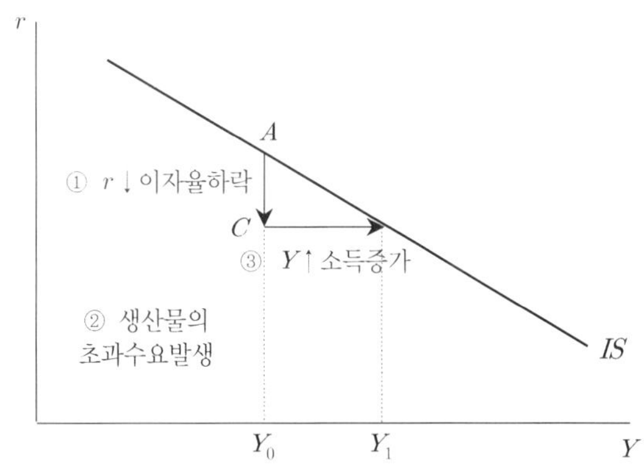

이번에는 소득이 변화하는 경우를 상정하여 생산물시장이 어떻게 다시 균형을 회복하는가를 설명해보자.

② 최초 균형상태에서 소득의 상승($Y\uparrow$) → 가처분소득($Y-T$)의 증가로 인해 저축의 증가 ($S\uparrow$) → 생산물시장의 불균형 발생($I+G<S+T$) → 생산물시장의 균형($I+G=S+T$)을 위해서는 투자가 증가돼야 하고 이를 위해서는 이자율이 하락($r\downarrow$)해야 한다.

(생산물시장 초기균형) $I(r)+G=S(Y-T)+T$

(생산물시장 초과공급) $\Rightarrow I(r)+G<S(Y\uparrow-T)\uparrow+T$

(생산물시장 재균형) $\Rightarrow I(r\downarrow)\uparrow+G=S(Y\uparrow-T)\uparrow+T$

소득증가 → 저축증가 → 총공급 증가 → 이자율 하락→ 균형회복

⇒ 초기균형상태에서 소득이 증가($Y\uparrow$)하면 생산물시장균형을 위해서 이자율이 하락($r\downarrow$) 해야 한다.

그림 7 2 IS곡선의 유도2

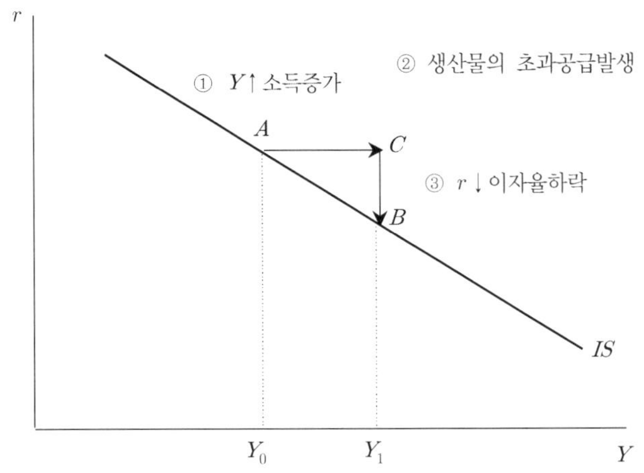

이상의 직관적 유도에서와 같이 생산물시장의 균형을 나타내는 IS곡선은 우하향하는 기울기를 가진다는 것을 알 수 있다.

2) 그림에 의한 유도1 : 총수요 = 총공급 균형(总需求 = 总供给均衡)

IS곡선을 케인즈의 확장모형을 통해 유도해보자. <그림 7-3>에서 만일 이 경제의 이자율이 최초에 r_0인 경우 투자수요함수 $I(r)$은 $I^D = I(r_0) = I_0 - cr_0$이 되고, 이에 총수요는 $Y^D = C(Y - T) + I(r_0) + G_0$이 된다. 균형국민소득은 총수요곡선과 총공급곡선이 만나는 Y_0수준에서 결정된다. 따라서 초기생산물시장 균형점은 <그림 7-4>의 $A(r_0,\ Y_0)$이며 IS곡선상의 한 점을 이루고 있다.

그림 7 3 IS곡선의 유도3

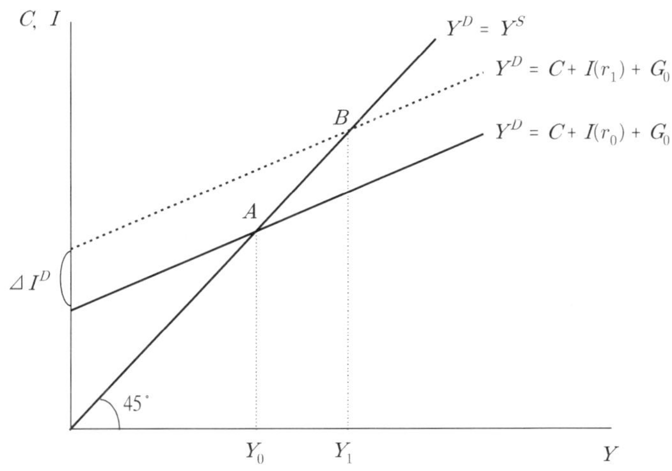

이 상태에서 이자율의 하락(r_1)이 발생하면 투자가 증가하게 되고 총수요는 늘어나 총수요곡선이 상방이동($Y_0^D \rightarrow Y_1^D$)하게 된다. 따라서 새로운 생산물시장의 균형은 $B(r_1,\ Y_1)$로 IS곡선상의 또 다른 점이 된다.

이러한 생산물시장의 균형점을 연결한 곡선이 IS곡선이며 <그림 7-4>에서처럼 우하향하게 그려진다.

그림 7 4 IS곡선

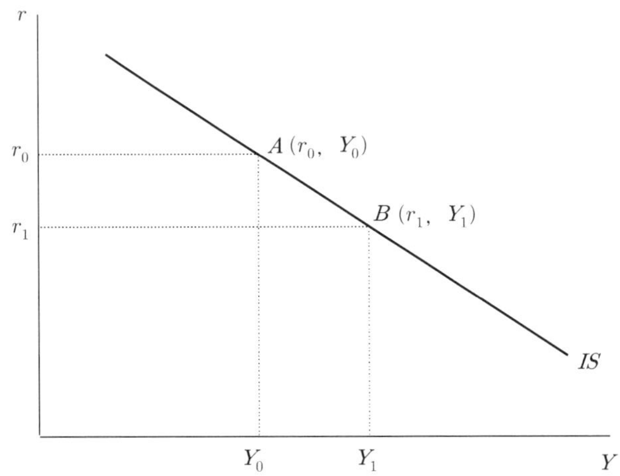

3) 그림에 의한 유도2 : 투자 = 저축 균형(投资 = 储蓄均衡)

총수요 = 총공급 균형식($Y^D = Y^S$)은 (7.6)식에서와 같이 $I(r) + G = S(Y - T) + T$의 균형식과 같다.

그림 7 5 IS곡선의 유도4

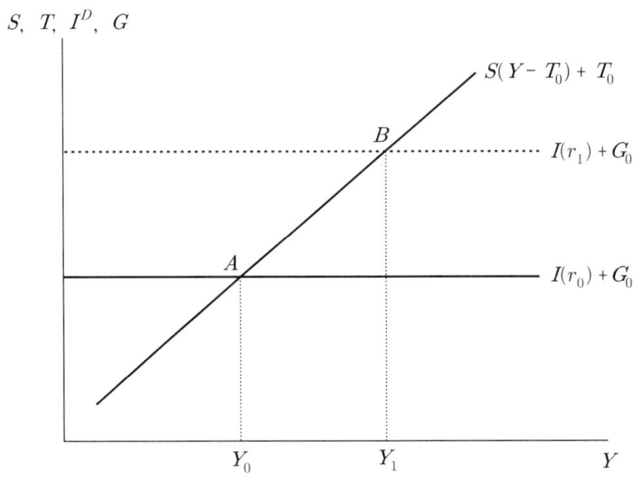

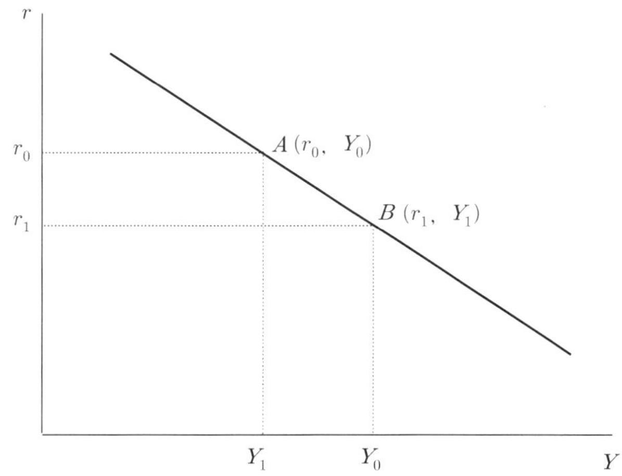

따라서 이 같은 대체균형조건을 이용하여 IS곡선을 유도할 수 있다.

$$I_0 - cr + G_0 = S(Y - T) + T_0 \tag{7.7}$$

<그림 7-5>에서 이자율이 r_0일 때 경제는 최초 A점에서 균형을 이룬다. 만일 이자율이 r_1으로 하락하면 투자는 늘어나 $I(r_1) + G_0$이 증가하게 되고 경제는 소득이 늘어난 B점에서 새로운 균형을 회복하게 된다. 이러한 두 균형점 $A(r_0,\ Y_0)$과 $B(r_1,\ Y_1)$를 연결하면 우하향하는 IS곡선을 얻을 수 있다.

(2) IS곡선의 이동(IS曲线移动)

투자(I)와 정부지출(G)의 증가(감소)는 IS곡선을 우측(좌측)으로 이동시키고, 한편 저축(S)과 조세(T)의 증가는 IS곡선을 좌측(우측)으로 이동시킨다. IS곡선의 이동을 정부지출(G)의 증가를 예로 살펴보면 다음과 같다. 정부지출의 증가는 동일한 이자율수준에서 수요증가를 가져오고 소득의 증가를 가져오므로 <그림 7-7>과 같이 IS곡선의 우측이동을 가져오게 된다.

그림 7　6　IS곡선의 이동 : 정부지출의 증가

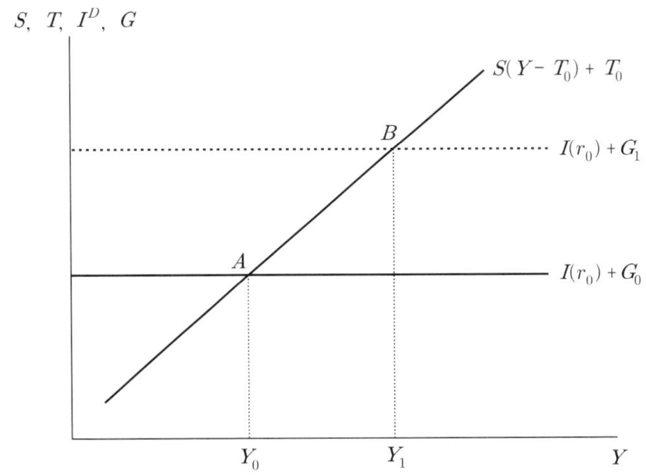

그림 7　7　IS곡선의 우측이동

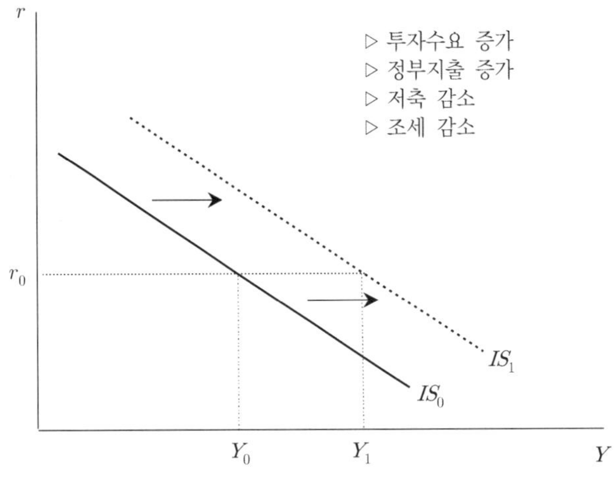

그림 7 8 IS곡선의 좌측이동

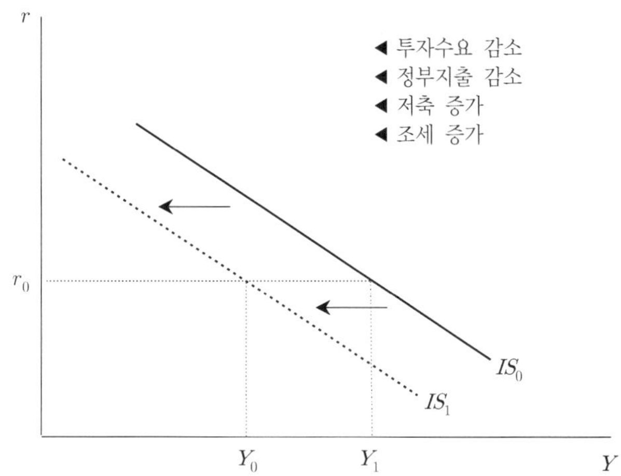

투자수요의 증가, 정부지출의 증가, 저축감소, 조세감소는 IS곡선을 우측으로 이동시키는 결과를 가져온다. 반면 투자수요의 감소, 정부지출의 감소, 저축증가, 조세증가는 IS곡선을 좌측으로 이동시키게 된다.

7.3 화폐시장의 균형 : LM곡선
货币市场均衡 : LM曲线

(1) LM곡선의 도출(LM曲线的导出)

화폐시장의 균형을 나타내는 LM곡선은 화폐수요=화폐공급($M^D = M^S$)을 가져오는 이자율과 소득의 조합들을 가리킨다. 케인즈는 화폐수요이론에 따르면 화폐보유동기(货币持有动机)에는 ① 예비적 수요(precautionary money demand, 储备性货币需求), ② 거래적 수요(交易性货币需求, transactional money demand), ③ 투기적 수요(speculative money demand, 投机性

货币需求)가 있으며 예비적 수요와 거래적 수요는 소득에 의해 결정되고 투기적 수요는 이자율(利率)에 의해 결정된다고 한다. 즉 소득이 증가하면 화폐보유의 예비적 수요나 거래적 수요가 늘어나 화폐수요가 늘어나게 되고, 이자율이 증가하면 투기적 동기에 의해 화폐보유를 줄이게 되어 화폐수요가 감소하게 된다고 보았다. 따라서 화폐수요함수는 다음과 같이 소득과 이자율의 함수로 표시된다.

$$M^D = P \cdot L(\underset{\oplus}{Y},\ \underset{\ominus}{r}) \text{ 또는 } \frac{M^D}{P} = L(Y,\ r) \tag{7.8}$$

화폐공급은 중앙은행에 의해 일정 수준으로 고정된다고 가정하면 화폐시장의 균형식은 다음과 같다.

$$\boxed{M^S = M_0} = \boxed{M^D = \overline{P} \cdot L(\underset{\oplus}{Y},\ \underset{\ominus}{r})} \tag{7.9}$$

LM곡선은 (7.9)의 화폐시장균형식을 충족하는 $(r,\ Y)$의 조합들이다. 또는 주어진 물가수준에서 화폐시장을 균형시켜 주는 이자율과 실질국민소득의 조합들을 연결한 곡선을 의미한다.

LM곡선은 우상향하는 형태를 취하는데 이는 균형상태에서 실질국민소득이 증가하면 화폐수요가 증가하여 화폐시장에서 초과수요가 발생하게 되고 이 초과수요를 해소시키고 다시 균형상태를 회복하기 위해서는 이자율이 상승하여 투기적 동기에 의한 화폐수요를 감소시켜야 하기 때문이다. 따라서 「국민소득이 증가하는 경우 화폐시장의 균형을 회복하기 위해서는 이자율이 상승해야 한다」는 것으로 LM곡선은 우상향(右向上)하는 형태를 취한다.

그림 7 9 LM곡선의 도출

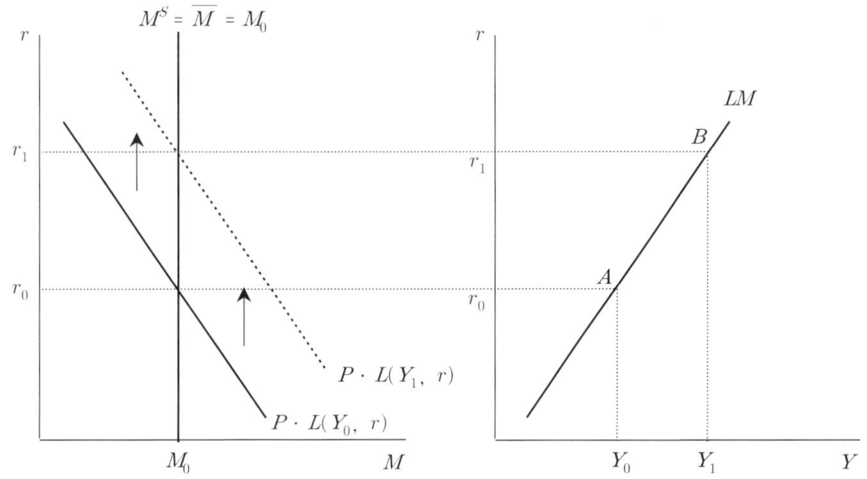

(2) LM곡선의 이동(LM曲线移动)

통화량증가나 물가의 하락은 LM곡선을 우측으로 이동시킨다. 반대로 통화량감소나 물가의 상승은 LM곡선을 좌측으로 이동시킨다.

이제 통화공급이 증가하는 경우를 예로 들어 설명해보자. 최초의 균형상태에서 통화공급의 증가는 종전의 이자율수준에서 화폐시장의 초과공급이 발생하게 되고 이에 이자율이 하락하게 된다. 이처럼 동일한 소득수준에서 이자율의 하락이 발생하게 되므로 LM곡선은 우측 또는 하방이동하게 된다. LM곡선은 물가의 변화에 따라서도 이동하는데 물가의 상승은 동일한 소득수준 하에서 이자율의 상승을 가져오게 되어 LM곡선을 좌측(상방)이동시킨다. 반대로 물가의 하락은 LM곡선의 우측(하방)이동을 가져온다.

그림 7 10 LM곡선의 이동 : 통화공급의 증가

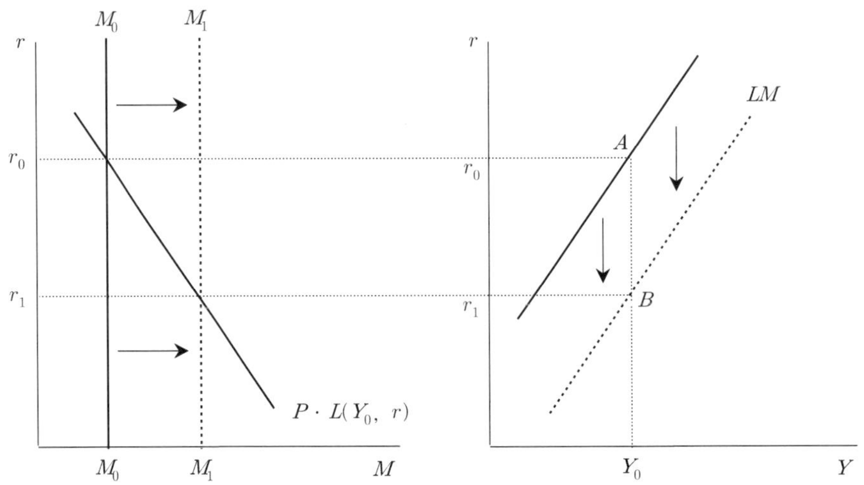

7.4 생산물시장과 화폐시장의 동시균형 : IS곡선과 LM곡선

产量市场与货币市场的同时均衡 : IS曲线与LM曲线

생산물시장과 화폐시장의 동시균형은 <그림 7-11>에서와 같이 IS곡선과 LM곡선이 교차하는 점에서 이루어지고 이 교차점에서 두 시장을 모두 균형시키는 균형국민소득과 균형이자율이 결정된다.

그림 7 11 생산물시장과 화폐시장의 동시균형 : IS곡선과 LM곡선의 교차

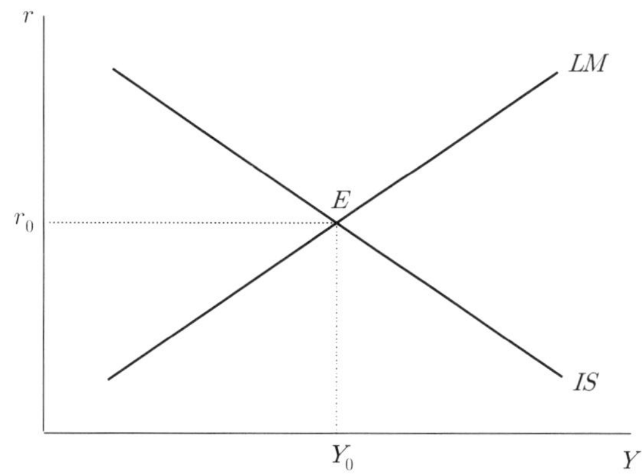

이를 수식으로 나타내면 다음과 같다.

$$IS: Y^D = Y^S \Rightarrow C(Y_0 - T) + I(r_0) + G_0 = Y_0 \quad (7.10)$$

$$LM: M^D = M^S \Rightarrow \frac{M^S}{P} = L(Y_0,\ r_0) \quad (7.11)$$

즉 이자율과 국민소득이 $(r_0,\ Y_0)$일 때 총지출과 총수요가 일치하여 생산물시장이 균형을 이루고 통화수요와 통화공급이 일치하여 화폐시장이 균형을 이루게 된다.

7.5 불균형의 조정

不均衡的调整

만일 경제가 IS곡선과 LM곡선이 교차하는 균형점 이외에 있을 경우에 어떤 변화가 발생되는지를 살펴보자.

먼저 만일 경제가 IS곡선의 오른쪽 영역에 위치하게 되면 생산물시장의 초과수요(需求过剩)가 발생하여 균형회복을 위해서는 국민소득이 감소하게 되고 반대로 왼쪽에 위치하게 되면 재화의 초과공급(供给过剩)이 발생하게 되므로 국민소득은 증가하게 된다.

그림 7 12 생산물시장의 불균형 조정과정

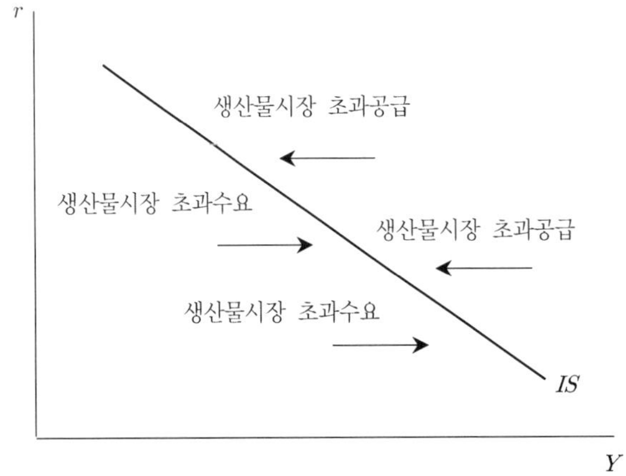

한편 LM곡선의 오른쪽 영역에서는 화폐에 대한 초과수요가 발생하여 화폐시장의 균형을 회복하기 위해서는 이자율이 상승하게 되고, 왼쪽영역에서는 화폐시장의 초과공급이 발생하여 이자율이 하락하게 된다.

그림 7 13 화폐시장의 불균형 조정과정

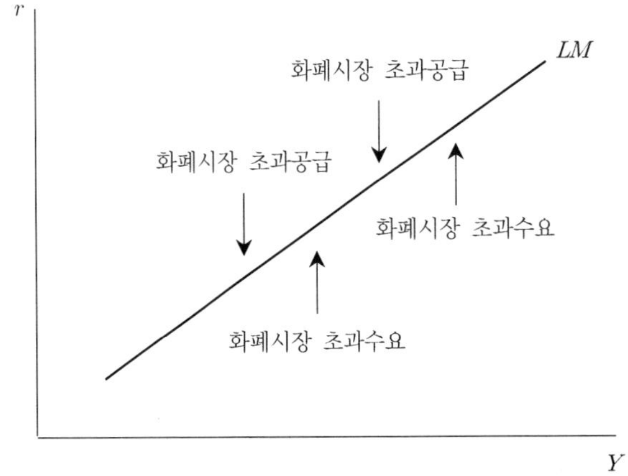

그림 7 14 생산물시장과 화폐시장의 불균형 조정과정

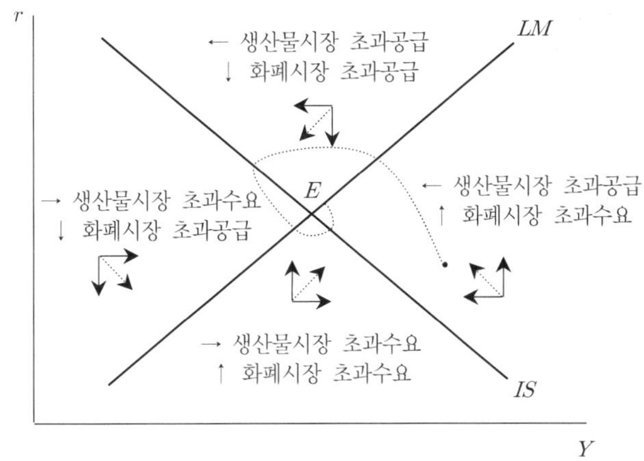

경제가 불균형상태에 있을 때 경제의 자동조정과정에 의해 생산물시장과 화폐시장의 동시 균형으로 회귀하려는 경향을 보인다.

Chapter 07 Summary

1. 케인즈의 IS-LM 모형 : 단순모형에서 화폐시장까지 고려하여 확장

(총수요) $Y^D = C + I^D + G$

(소비함수) $C = a + b(Y - T)$

(투자함수) $D = I(r) = I_0 - cr$

(정부부문) $G = G_0,\ T = T_0$

(균형조건) $Y^D = Y^S$

2. IS 곡선의 유도

① 이자율 하락($r\downarrow$) → 투자수요 증가($I\uparrow$) → 생산물시장 불균형 발생($I + G > S + T$) → 생산물시장의 균형($I + G = S + T$)을 위해서는 소득이 증가($Y\uparrow$)

⇒ 생산물시장을 균형시키는 어느 한 점에서 이자율 하락할 경우 소득은 증가돼야 다시 생산물시장 균형회복.

(생산물시장 초기균형) $I(r) + G = S(Y - T) + T$

(생산물시장 초과수요) $\Rightarrow I(r\downarrow)\uparrow + \mathrm{G} > S(Y - T) + T$

(생산물시장 재균형) $\Rightarrow I(r\downarrow)\uparrow + \mathrm{G} = S(Y\uparrow - T)\uparrow + T$

> 이자율 하락 → 투자수요 증가 → 총수요 증가 → 소득 증가 → 균형 회복

⇒ 초기균형상태에서 이자율 하락($r\downarrow$)하면 생산물시장균형의 균형을 회복하기 위해서 소득이 증가($Y\uparrow$)해야 함

② 소득이 상승($Y\uparrow$) → 가처분소득($Y - T$)의 증가로 인해 저축의 증가 ($S\uparrow$) → 생산물시장의 불균형 발생($I + G < S + T$) → 생산물시장의 균형($I + G = S + T$)을 위해서는 투자가 증가돼야 하고 이를 위해서는 이자율이 하락($r\downarrow$)해야 함.

(초기 생산물시장 균형) $I(r) + G = S(Y - T) + T$

(생산물시장 초과공급) $\Rightarrow I(r) + G < S(Y\uparrow - T)\uparrow + T$

(생산물시장 다시 균형) $\Rightarrow I(r\downarrow)\uparrow + G = S(Y\uparrow - T)\uparrow + T$

> 소득 증가 → 저축 증가 → 총공급 증가 → 이자율 하락 → 균형 회복

⇒ 초기균형상태에서 소득이 증가($Y\uparrow$)하면 생산물시장균형을 위해서 이자율이 하락($r\downarrow$)해야 함

3. IS곡선의 이동

① 투자수요의 증가, 정부지출의 증가, 저축감소, 조세감소 ⇒ IS곡선의 우측 이동

② 투자수요의 감소, 정부지출의 감소, 저축증가, 조세증가 ⇒ IS곡선의 좌측 이동

4. LM곡선의 유도

균형상태에서 실질국민소득이 증가($Y\uparrow$) → 화폐수요가 증가($M^D\uparrow$) → 화폐시장의 초과수요 발생($M^D > M^S$) → 화폐시장의 균형 회복을 위해서는 이자율이 상승($r\uparrow$)하여 투기적 동기에 의한 화폐수요를 감소시켜야 함.

⇒ 국민소득이 증가하는 경우 화폐시장의 균형을 다시 회복하기 위해서는 이자율이 상승해야 함.

⇒ 따라서 LM곡선은 우상향 형태를 취함.

5. LM곡선의 이동

① 통화량증가나 물가의 하락 ⇒ LM곡선을 우측으로 이동시킴.

② 통화량감소나 물가의 상승 ⇒ LM곡선을 좌측으로 이동시킴.

6. 생산물시장과 화폐시장의 균형

IS : $Y^D = Y^S \Rightarrow C(Y_0 - T) + I(r_0) + G_0 = Y_0$

LM : $M^D = M^S \Rightarrow \dfrac{M^S}{P} = L(Y_0,\ r_0)$

⇒ IS곡선과 LM곡선이 교차하는 점에서 두 시장을 모두 균형 시키는 균형이자율과 균형국민소득이 결정됨. 이때 총지출과 총수요가 일치하여 생산물시장이 균형을 이루고, 통화수요와 통화공급이 일치하여 화폐시장이 균형을 이루게 됨.

7. 경제의 불균형조정과정

경제가 불균형상태에 있을 때 경제의 자동조정과정에 의해 생산물시장과 화폐시장의 동시균형으로 회귀할려는 경향을 보임.

Chapter 07 Example of Exam.

1. IS곡선을 유도하라.

2. LM곡선을 유도하라.

3. 생산물시장과 화폐시장의 균형을 IS-LM모형에 의해 설명하라.

4. 경제의 불균형 조정과정을 IS-LM모형에 의해 설명하라.

Chapter 08 총수요·총공급의 이론

总需求与总供给理论

- 총수요곡선 总需求曲线
- 고전학파의 총공급곡선 古典学派的总供给曲线
- 케인즈의 총공급곡선 凯恩斯的总供给曲线
- 루카스의 총공급곡선 卢卡斯的总供给曲线
- 신고전파종합 新古典综合
- 총수요·총공급이론 总需求·总供给理论

8.1 총수요곡선
总需求曲线

(1) 총수요곡선의 도출(总需求曲线的得出)

총수요(Aggregate Demand : AD, 总需求)곡선은 생산물시장과 화폐시장의 동시적 균형을 가져다주는 균형국민소득수준과 물가수준 사이의 관계를 나타내는 곡선이다. 혹은 각각의 물가수준에 대응하여 총수요가 얼마나 되는가를 보여주는 곡선이다. IS-LM분석에서는 물가수준이 고정되어 있다고 가정하였으나 총수요 · 총공급 분석에서는 물가도 변화한다고 가정한다.

총수요곡선을 유도하기 위해 최초 균형상태에서 물가(物价)가 상승하는 경우를 예로 들어 살펴보자. 물가가 상승하게 되면 실질통화공급이 감소하게 된다. 따라서 화폐시장에서 초과수요가 발생하게 되므로 이자율이 상승하게 된다.(LM곡선의 좌측이동) 이자율의 상승은 투자수요의 감소를 가져온다. <그림 8-1>에 나타나듯이 생산물시장에서 투자의 감소는 총수요와 국민소득의 감소를 가져온다. 국민소득이 감소하는 경우에도 생산물시장이 균형을 이루기 위해서는 총수요가 감소해야 한다. 따라서 물가가 상승하면 총수요는 감소하며 이에 총수요곡선은 <그림 8-1>에서처럼 우하향하는 형태를 띤다.

그림 8 1 총수요곡선의 도출

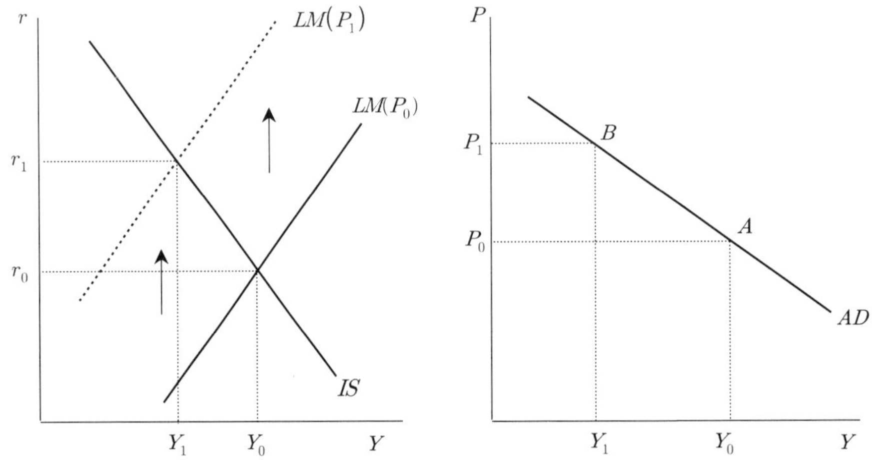

(2) 총수요곡선의 이동(总需求曲线的移动)

총수요곡선은 물가에 따른 총수요의 변화를 나타낸 곡선이므로 물가이외에 총수요에 영향을 미치는 요인의 변화는 총수요곡선의 이동으로 나타난다.

정부가 재정지출(政府购买)을 늘리는 경우에 IS곡선은 우측이동하게 되고 동일한 물가수준에서 총수요의 증가를 가져오므로 총수요곡선은 우측으로 이동하게 된다. 한편 통화공급의 증가는 LM곡선을 우측으로 이동시키고 이자율을 하락시킨다. 이자율의 하락은 투자의 증가를 가져와 총수요를 증가시키고 이에 동일한 물가수준에서 총수요가 늘어나게 되므로 마찬가지로 총수요곡선이 우측으로 이동하게 된다.

그림 8 2 총수요곡선의 우측이동

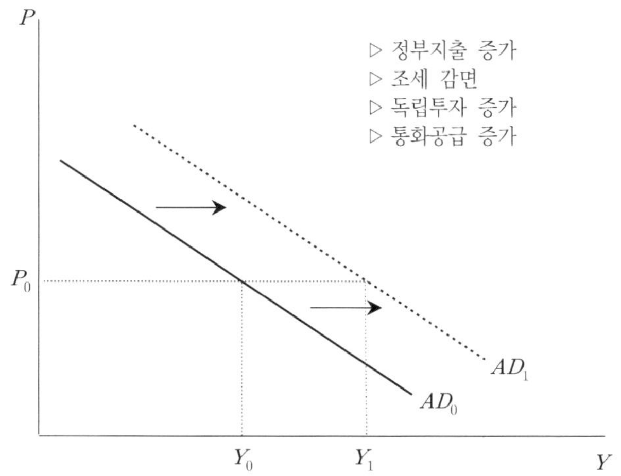

그림 8 3 총수요곡선의 좌측이동

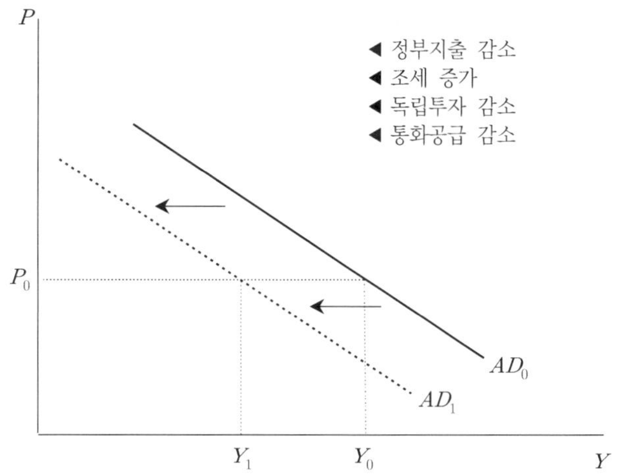

정부지출의 증가, 조세감면(租稅減免), 독립투자의 증가, 통화공급(通貨供應)의 증가는 총수요곡선을 우측으로 이동시킨다. 반면 정부지출의 감소, 조세증가, 독립투자의 감소, 통화공급의 감소는 총수요곡선을 좌측으로 이동시킨다.

8.2 총공급곡선
总供给曲线

(1) 총공급곡선(总供给曲线)

총공급곡선(Aggregate Supply : AS, 总供给曲线)은 각각의 물가수준에 대응하는 총생산(총공급)의 변화를 나타낸 곡선이다. 총공급곡선은 제5장에서 살펴본 대로 노동시장과 총생산함수로부터 도출된다.

1) 고전학파의 총공급곡선(古典学派的总供给曲线)

고전학파는 노동의 수요와 공급이 실질임금의 함수이고 기업뿐만 아니라 노동자들도 물가에 대한 충분한 정보를 가지고 있어 화폐환상(货币幻想)이 존재하지 않는다고 가정하였다. 또한 임금이나 물가와 같은 가격의 신축적(伸缩的)인 조정에 의해 실업과 같은 노동시장의 불균형상태는 곧 해소(解决)된다고 보았다.

이제 물가가 P_0에서 P_1수준으로 하락하는 경우를 예로 고전학파의 총공급곡선을 도출해보자. 물가의 하락($P_0 \rightarrow P_1 \downarrow$)은 실질임금의 상승($\frac{W}{P_0} \rightarrow \frac{W}{P_1} \uparrow$)을 가져오고 일시적으로 노동시장의 초과공급 즉 실업(失业)을 발생시킨다.

그러나 노동시장의 불균형은 임금의 조정을 가져온다. 즉 노동의 초과공급(실업)은 즉각적으로 임금의 하락($W \downarrow$)을 가져오고 실질임금이 원래의 $\frac{W}{P_0}$수준으로 회복될 때까지 하락한다. 이 수준에서 노동시장의 균형고용량은 완전고용수준이 되며, 총공급수준도 완전고용국민소득수준으로 다시 회복된다.

고전학파에 따르면 물가의 변화가 노동시장의 균형고용량에 영향을 미치지 못하므로 생산량에도 변화가 없다는 것이다. 따라서 고전학파에 있어 물가와 총공급간의 관계를 나타내는 총공급곡선은 <그림 8-4>에서와 같이 완전고용국민소득수준에서 수직선이 된다.

그림 8 4 고전학파의 총공급곡선

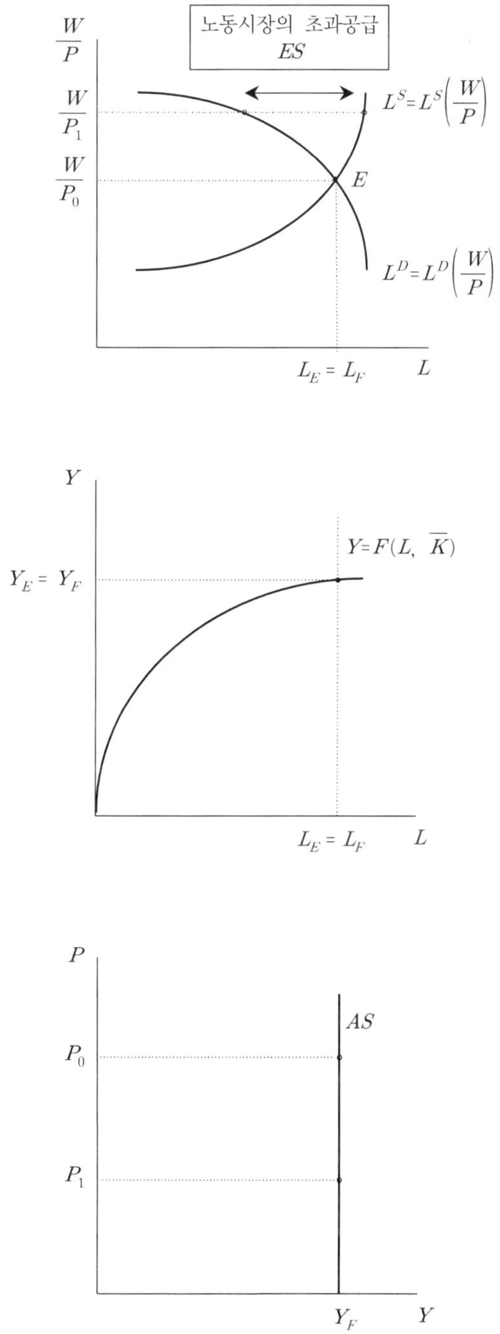

2) 케인즈의 총공급곡선(凯恩斯总供给曲线)

케인즈의 이론은 1930년대와 같이 대량실업(大量失业)이 발생하고 공장이 가동을 중단하여 유휴설비가 존재하는 경제상황에서 나온 것이다. 케인즈는 이같은 경제상황에서는 물가수준을 상승시키지 않으면서 총공급이 얼마든지 늘어날 수 있다고 보았다. 즉 케인즈학파의 총공급곡선은 <그림 8-5>에서처럼 주어진 물가수준에서 총공급이 수평이 되며, 균형국민소득수준은 총수요에 의해서 결정될 뿐 공급측면의 제약은 문제가 안 된다.

그림 8 5 케인즈학파의 총공급곡선

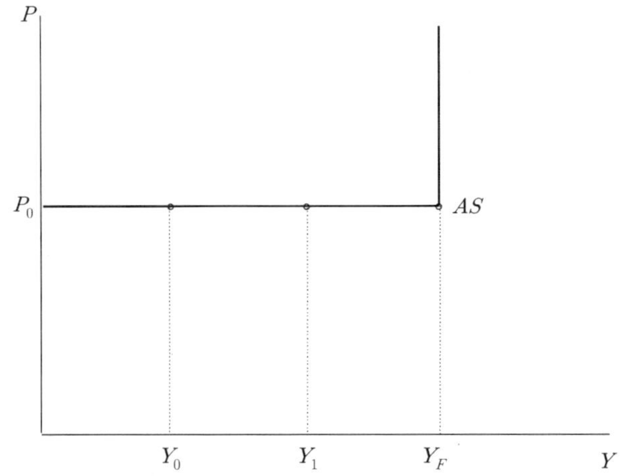

3) 현대의 총공급곡선 : 신고전파종합과 루카스 공급곡선(新古典综合派与卢卡斯供给曲线)

고전학파는 명목임금이 물가의 변화에 따라 완전신축적으로 변동하여 경제의 총공급이 일정한 수준에서 유지되는 수직적인 총공급곡선을 가정한 반면, 케인즈는 경제의 생산이 물가에 영향을 주지 않고 늘어날 수 있는 수평적인 총공급곡선을 가정하였다.

현대의 거시경제학에서는 고전학파의 수직적 총공급곡선과 케인즈의 수평적 총공급곡선을 절충하여 단기에는 물가가 변화하지 않는다고 가정하여 케인즈의 수평적 총공급곡선을 가정하고, 장기에는 물가나 임금이 완전신축적으로 변화되어 수직적인 총공급곡선을 갖게 된다고 본다.(<그림 8-6>) 고전학파 거시경제학과 케인즈의 거시경제학을 절충하고 종합하는 학문적

조류(学问的潮流)를 신고전학파 종합(Neoclassical synthesis, 新古典综合派)이라 한다. 신고전학파 종합은 폴 새뮤엘슨(Paul A. Samuelson, 萨缪尔森)을 위시한 케인즈학파에 의해 주로 전개되어졌다.

다른 한편으로 루카스의 총공급함수(Lucas' supply function, 卢卡斯供给曲线)가 있는데 이는 단기에 있어서도 물가가 변화할 수 있으며, 이때 예상물가수준과 실제 물가수준간의 차이로 인해 총공급이 변화가 발생한다는 것이다.

$$\text{루카스 공급함수 : } Y^S = Y_F + a(P - P^e) \ (a > 0) \quad (8.1)$$

루카스는 단기에 있어 실제물가(P)와 예상물가(P^e)간의 차이가 발생할 수 있고, 실제 물가가 예상 물가수준 이상으로 상승할 경우($P > P^e$) 노동시장에서 고용량(就业量)이 증가하여 경제의 생산이 일시적으로 완전고용산출수준(Y_F)이상으로 늘어나 총공급(Y^s)이 늘어나 우상향의 총공급곡선을 얻을 수 있다는 것이다.(<그림 8-7>) 그러나 장기에 있어서는 시행착오를 통해 사람들의 예상물가수준이 실제 물가수준과 같아져서 고전학파와 같이 수직적인 총공급곡선이 된다고 보았다.(<그림 8-8>)

그림 8 6 총공급곡선1 : 신고전학파 종합

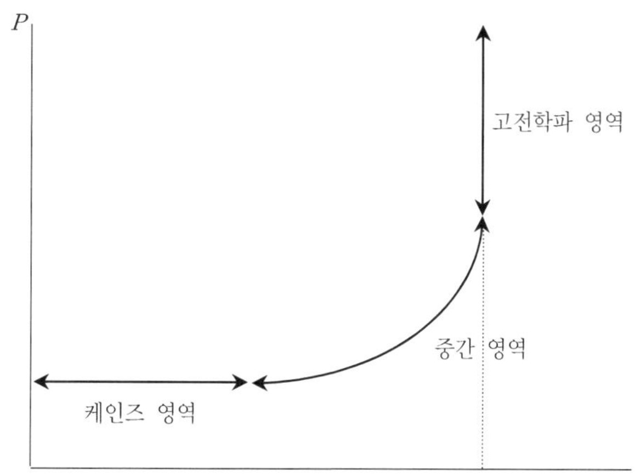

그림 8 7 총공급곡선2 : 단기총공급곡선과 장기총공급곡선

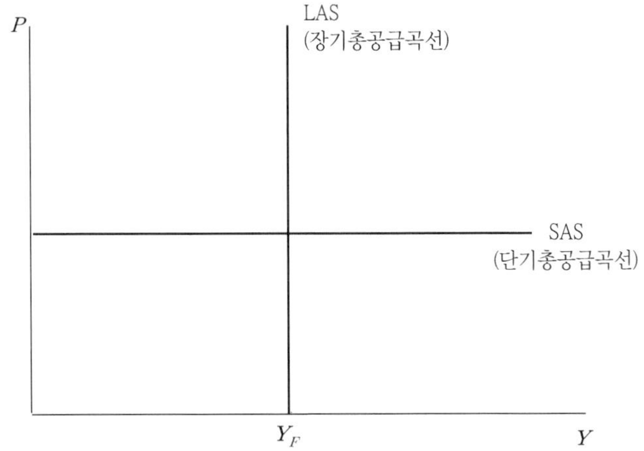

그림 8 8 총공급곡선3 : 루카스 단기 총공급곡선과 장기 총공급곡선

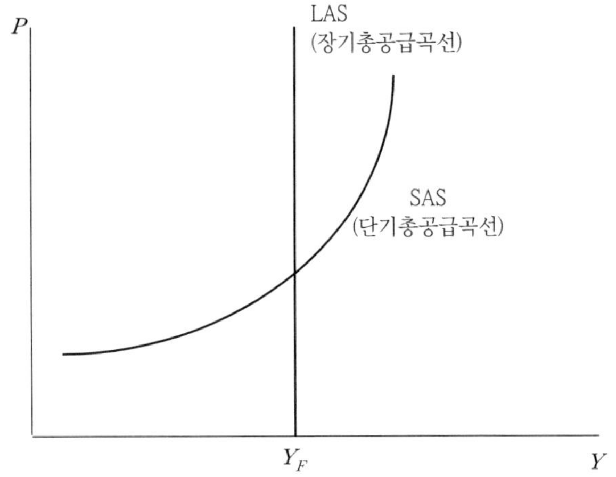

8.3 총수요 · 총공급 이론
总需求与总供给理论

총수요곡선은 각각의 물가수준에서 경제가 수요하고자 하는 생산량(국민소득)을 나타내고 총공급곡선은 각각의 물가수준에서 경제가 공급하고자 하는 생산량(국민소득)을 나타낸다. 총수요 · 총공급이론은 이 두 곡선이 교차하는 점에서 균형물가와 균형국민소득이 결정된다는 것이다. 이렇게 균형물가와 균형산출수준이 결정되면 생산물시장의 균형을 나타내는 IS곡선과 화폐시장의 균형을 나타내는 LM곡선의 교차점으로부터 균형이자율을 알아 낼 수 있다.

고전학파는 <그림 8-9>에서와 같이 국민소득이 총수요에 관계없이 총공급곡선에 의해서 일방적으로 결정된다. 고전학파는 경제의 생산요소량이나 생산기술과 같은 공급측면이 일국의 국민소득을 결정짓는다는 것으로 공급측면을 중시한다. 총수요는 총공급곡선과 결합하여 단지 물가만을 결정지을 뿐이다.

반면 케인즈학파는 총공급을 주어진 물가수준에서 얼마든지 늘릴 수 있으므로 총공급곡선이 완전고용 국민소득수준에 이를 때까지 수평이 되며 이에 국민소득을 결정짓는 것은 전적으로 총수요(总需求)에 의해서 결정된다는 것이다. 케인즈는 국민소득의 결정이 정부지출이나 민간의 소비 혹은 투자와 같은 수요요인에 의해 결정되므로 경제의 수요측면(需求側面)이 중요하다고 주장한다.

그림 8 9 균형물가와 균형국민소득의 결정 : 고전학파

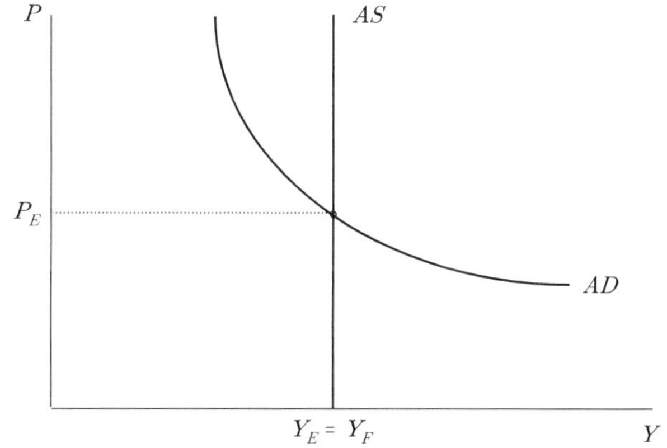

그림 8 10 균형물가와 균형국민소득의 결정 : 케인즈학파

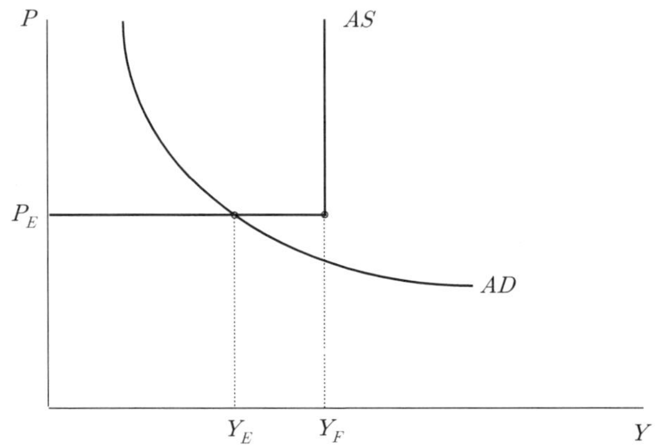

신고전파 종합이나 루카스 총공급곡선에서는 총공급곡선이 우상향하므로 국민소득과 물가 수준이 총수요나 총공급 중 어느 한 요인에 의해서 일방적으로 결정되지 못하고 수요·공급의 양측면이 상호작용하여 결정된다는 것이다.

그림 8 11 균형물가와 균형국민소득의 결정 : 일반적인 경우

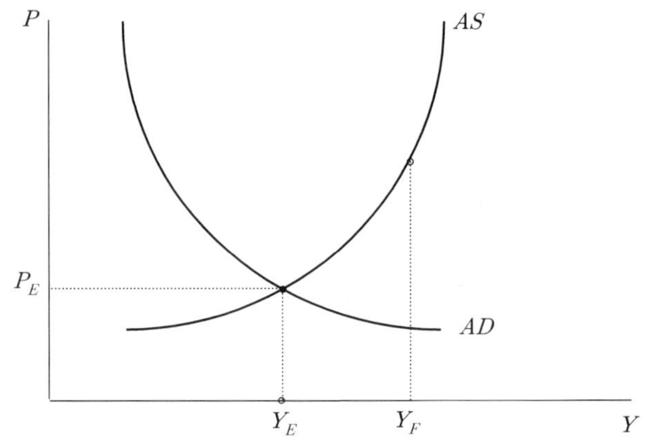

공급측면을 중시하는 고전학파의 이론과 수요측면을 중시하는 케인즈학파의 상반된 주장은 해당 경제가 처한 상황이 어떤가에 따라 각기 다른 설득력을 갖게 된다. 즉 경제의 불황이 심해져서 실업과 유휴설비(闲置设备)가 많이 존재하는 상황이라면 케인즈의 주장대로 경제의

수요측면이 중요하며 케인즈적인 정책처방에 따라 수요를 늘리는 것이 실업을 해결하고 불황을 해결하는 좋은 해결책이 될 것이다. 반면 경제가 매우 호황이어서 경제의 공급능력이 한계에 봉착하는 즉 완전고용 산출수준에 이미 도달하여 경제의 총공급이 수직적인 상황하에서는 수요는 단지 물가의 변화만을 야기할 뿐 국민소득의 변화에는 별다른 영향을 줄 수 없게 된다. 한편 경제가 중간적인 상황이라면 수요나 공급 어느 한 측면만을 강조할 수 없고 두 측면 모두를 고려하여야 할 것이다.

Chapter 08 Summary

1. 총수요곡선(Aggregate Demand : AD)

생산물시장과 화폐시장의 동시적 균형을 가져다주는 균형국민소득수준과 물가수준사이의 관계를 나타내는 곡선임. IS-LM분석에서는 물가수준이 고정되어 있다고 가정하였으나 총수요 · 총공급분석에서는 물가도 변화한다고 가정함.

2. 총수요곡선의 유도

물가의 상승 → 실질통화공급의 감소 → 화폐시장에서 초과수요 발생→ 이자율 상승(LM곡선의 좌측이동) → 투자수요의 감소 → 총수요와 국민소득의 감소 → 국민소득이 감소하는 경우에도 생산물시장이 균형을 이루기 위해서는 총수요가 감소해야 함.

⇒ 따라서 물가가 상승하면 총수요는 감소하며 이에 총수요곡선은 우하향하는 형태를 띰.

3. 고전학파의 총공급곡선(Aggregate Supply : AS)

물가의 변화가 노동시장의 균형고용량에 영향을 미치지 못하므로 생산량에도 변화가 없다는 것. 따라서 고전학파의 총공급곡선은 완전고용국민소득수준에서 수직선으로 나타남.

4. 케인즈의 총공급곡선

경제에 대량실업이 발생하고 유휴설비가 존재하는 경제상황을 가정. 이 같은 경제상황에서는 물가수준을 상승시키지 않으면서 총공급이 얼마든지 늘어날 수 있다고 봄. 따라서 케인즈학파의 총공급곡선은 주어진 물가수준에서 총공급이 수평임.

5. 현대의 거시경제학 : 신고전파종합과 루카스 공급곡선

① 신고전파종합 : 고전학파의 수직적 총공급곡선과 케인즈의 수평적 총공급곡선을 절충하여 단기에는 물가가 변화하지 않는다고 가정하여 케인즈의 수평적 총공급곡선을 가정하고, 장기에는 물가나 임금이 완전신축적으로 변화되어 수직적인 총공급곡선을 갖게 된다고 봄.

② 루카스의 총공급곡선 : 루카스는 단기에 있어 실제물가와 예상물가간의 차이가 발생할 수 있고, 실제 물가가 예상 물가수준 이상으로 상승할 경우 노동시장에서 고용량이 증가하여 경제의 생산이 일시적으로 완전고용산출수준이상으로 늘어나 총공급이 늘어나 우상향의 총공급곡선을 얻을 수 있다는 것.

$$Y^S = Y_F + a(P - P^e) \ (a > 0)$$

그러나 장기에 있어서는 시행착오를 통해 사람들의 예상물가수준이 실제 물가수준과 같아져서 고전학파와 같이 수직적인 총공급곡선이 된다고 봄.

6. 총수요 · 총공급 이론

① 고전학파 : 국민소득이 총수요에 관계없이 총공급곡선에 의해서 일방적으로 결정. 경제의 생산요소량이나 생산기술과 같은 공급측면이 일국의 국민소득을 결정짓는다는 것으로 공급측면을 중시. 총수요는 총공급곡선과 결합하여 단지 물가만을 결정지을 뿐임.

② 케인즈학파 : 총공급을 주어진 물가수준에서 얼마든지 늘릴 수 있으므로 총공급곡선이 완전고용국민소득수준에 이를 때까지 수평이 되며 이에 국민소득을 결정짓는 것은 전적으로 총수요에 의해서 결정된다는 것. 국민소득의 결정이 정부지출이나 민간의 소비 혹은 투자와 같은 수요요인에 의해 결정되므로 경제의 수요측면이 중요하다고 주장함.

③ 신고전파 종합 · 루카스 총공급곡선 : 총공급곡선이 우상향하므로 국민소득과 물가수준이 총수요나 총공급 중 어느 한 요인에 의해서 일방적으로 결정되지 못하고 수요 · 공급의 양측면이 상호작용하여 결정된다는 것.

7. 총수요 · 총공급이론의 현실경제 적용

공급측면을 중시하는 고전학파의 이론과 수요측면을 중시하는 케인즈학파의 상반된 주장은 해당 경제가 처한 상황이 어떤가에 따라 각기 다른 설득력을 갖게 됨.

① 경제가 불황인 경우 : 실업과 유휴설비가 많이 존재하는 상황이라면 케인즈의 주장대로 경제의 수요측면이 중요하며 케인즈적인 정책처방에 따라 수요를 늘리는 것이 실업을 해결하고 불황을 해결하는 좋은 해결책이 됨.

② 경제가 호황인 경우 : 경제의 공급능력이 한계에 봉착하는 즉 완전고용산출수준에 이미 도달하여 경제의 총공급이 수직적인 상황하에서는 수요는 단지 물가의 변화만을 야기할 뿐 국민소득의 변화에는 별다른 영향을 줄 수 없게 됨. 케인즈적인 수요관리정책이 효과가 없게 되고 고전학파의 주장대로 공급측면이 중요하게 됨.

③ 경제가 중간적인 상황 : 수요나 공급 어느 한 측면만을 강조할 수 없고 두 측면 모두를 고려하여야 함.

Chapter 08 Example of Exam.

1. 고전학파의 총공급곡선을 설명하라.

2. 케인즈의 총공급곡선을 설명하라.

3. 신고전파종합과 루카스 공급곡선을 설명하라.

4. 고전학파와 케인즈학파의 총수요 · 총공급모형을 설명하라.

Part 5

금융, 화폐와 국민경제

Chapter 09 화폐와 금융시장

货币和金融市场

- 화폐의 기능 货币的职能
- 통화지표 通货指标
- 통화량 通货量
- 금융시장 金融市场
- 금융기관 金融机构
- 중앙은행 中央银行

9.1 화폐란 무엇인가?
货币是什么?

돈이 없는 세상을 상상할 수 있는가? 우리는 매일 돈을 사용하면서 산다. 근로의 대가로 월급을 받고 시장에서 물건을 사고 등록금, 세금 등 모든 경제활동 이면(里面)에서 돈의 거래가 이뤄진다. 국민경제에서 돈의 역할은 인체의 혈액에 비유할 수 있다. 혈액이 인체의 각 부분을 순환하면서 영양분을 골고루 보내주듯이 돈도 수많은 생산자와 소비자사이에서 이루어지는 모든 거래를 매개하고 청산시켜주기 때문이다. 현대경제와 화폐는 불가분의 관계에 있고 그래서 현대경제를 화폐경제라고 한다.

그러나 경제활동에서 중요한 기능을 수행하는 돈이라 할지라도 경제의 규모나 여러 가지

여건에 맞추어 공급되어져야 한다. 돈이 지나치게 시중에 많이 풀리게 되면 물가가 지속적으로 오르는 인플레이션 현상이 초래되고, 반대로 지나치게 적으면 생산과 소비 등 경제활동이 위축되어 경기의 후퇴를 가져오기 쉽다.

여기서는 화폐(货币)의 역할, 통화(通货)의 정의(통화지표), 이자율(利率)의 결정, 은행의 기능, 예금창조와 통화승수에 관해 살펴보기로 한다.

9.2 화폐의 기능
货币的职能

화폐는 여러 가지 기능을 수행하는데 그중 가장 중요한 세 가지 기능에 대해 살펴보자.

(1) 교환의 매개수단(가장 본원적인 기능, 交换的媒介)

물물교환은 쌍방의 욕구가 동시에 일치하는 경우에만 물물교환(物物交换)이 가능하다. 화폐가 존재하지 않는다면 거래당사자들은 상호 욕망이 일치하는 상대방을 찾기 위해 많은 시간과 노력을 낭비해야만 한다. 그러나 화폐가 존재하는 경우 모든 거래상대자들이 화폐를 교환의 매개물로 인정해 자신이 보유하고 있는 물건과 교환하기만 하면 되므로 경제의 생산성은 크게 증가한다.

(2) 가치의 척도(价值衡量)

여러 상품의 가치를 화폐단위로 표시하면 상품간의 가치를 쉽게 비교할 수 있다. 화폐는 여러 상품간의 가치를 측정하고 비교할 수 있게 해주므로 상품거래의 결제에 사용된다.

(3) 가치의 저장수단(价值的保存手段)

경제생활을 하다보면 현재의 구매력(购买力)을 미래의 지출을 위해 저장해두어야 하는 경우가 발생한다. 화폐는 저장상의 편리함이나 유동성면에서 가치저장수단으로 사용된다. 부동산이나 상품과 같은 실물자산은 유동성이 낮거나 저장시 파손 등의 위험이 존재한다. 화폐의 가치저장수단 기능이 제대로 수행되기 위해서는 화폐가치가 안정적이어야 한다. 만일 화폐가치가 불안정적이라면 저정수단으로서의 기능이 떨어지게 된다.

❖ 화폐의 정의

상품을 매매하고 채권·채무를 청산하는 일상거래에서 일반적으로 통용되는 지불수단(支付手段)을 가리킨다.

9.3 화폐의 종류와 역사
货币的种类与发展过程

화폐의 종류를 화폐발달 경로에 따라 살펴보면 다음과 같다. 역사적으로 화폐의 시작은 소금, 곡물, 가축, 금, 은, 동 등과 같은 물품화폐 또는 상품화폐(Commodity money, 商品货币)

로부터 시작되었다. 그러나 이러한 물품화폐는 운반, 저장이나 분할이 불편하고 거래할 때 마다 무게를 달아야 하는 불편이 있게 된다.

이에 금화, 은화, 동전과 같은 금속화폐 혹은 주조화폐(铸币)가 등장하였는데 물품화폐보다는 보관, 운반, 분할이 편리해졌으나 이 역시 대량인 경우 운반이 어렵고, 마모의 위험이 존재하며, 금이나 은과 같은 귀금속의 경우 자원의 국내보유고에 의해 공급이 제약되는 문제가 발생하게 된다.

이에 은행권과 같은 지폐(纸币)가 등장하였는데, 지폐의 실제적 가치는 미미하므로 지폐의 실제가치가 화폐가치와 괴리되는 것을 정부가 공권력에 의해 보증하게 된다. 그러나 이러한 은행권 역시 거액 거래 시에는 불편과 위험이 따르기 마련이다. 그래서 나온 것이 가계수표나 자기압수표와 같은 예금화폐(存款货币)이다. 그러나 예금화폐는 대금결제지연이나 부도의 위험이 따르게 된다. 현재는 전자자금이체, 온라인제도, 신용카드 등과 같은 전자화폐(电子货币)가 주로 사용되고 있다.

한편 최근 블록체인 기술을 적용한 비트코인(bitcoin) 등과 같은 가상화폐의 등장은 새로운 화폐로의 발전 가능성을 보여주고 있다. 하지만 이러한 암호화폐(crypto currency)들은 아직까지는 주로 투자나 저장수단으로 인식되고 있다. 암호화폐가 진정한 화폐수단으로 인정되기 위해서는 가치의 안정성과 상품·서비스와의 교환가치가 담보되어야 하지만 이들 화폐의 변동성이 너무 심하여 화폐로서 온전히 기능하기에는 한계가 있는 것이 사실이다.

그림 9 1 화폐의 발전과정

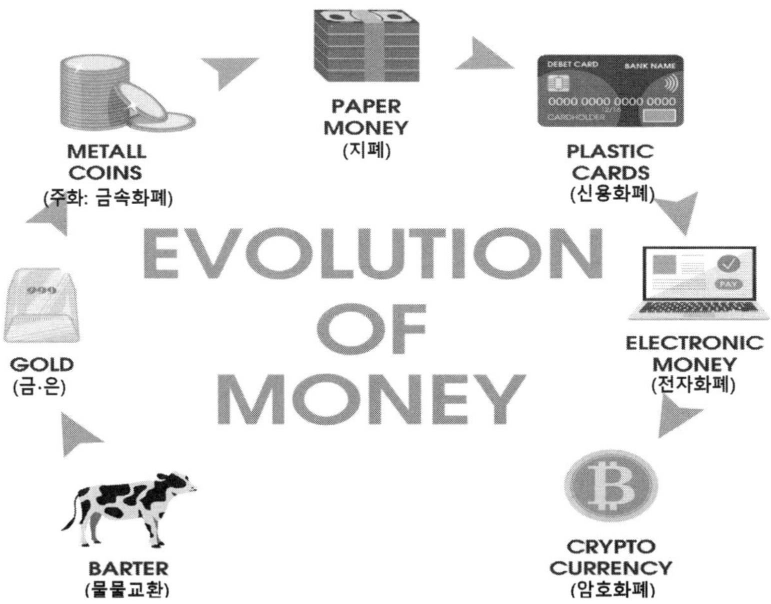

오늘날의 화폐는 정부 또는 중앙은행이 발행하는 법정화폐(法定货币)가 대부분인데 이처럼 정부가 화폐를 발행하는 이유는 다음과 같다. 상품화폐나 금속화폐는 상품으로서의 가치와 화폐로서의 가치가 동일하다. 그러나 지폐는 소재(실제)가치와 명목가치가 큰 차이를 보인다. 따라서 정부는 화폐의 발행으로 막대한 주조이익(seigniorage, 货币铸造税)을 얻을 수 있으므로 오늘날 대부분의 국가에서 중앙은행제도에 의해 중앙은행이 지폐발권업무를 독점하고 있다. 정부는 법적인 강제통용력을 부여하여 소재가치보다 엄청나게 높은 가격의 지폐를 화폐로 이용하게 하는데 이러한 화폐를 법화(legal tender, 法定货币)라 한다.

그러나 정부는 주조이익을 얻는 한편으로 정부발행 지폐의 신용도나 화폐가치의 안정성을 유지할 의무를 지니게 된다. 정부가 주조이익을 얻기 위해 화폐발행을 무분별하게 발행할 경우에 화폐가치가 하락하기 때문에 인플레이션이 유발되어 국가경제에 큰 폐해를 낳게 되고 정부의 주조이익도 감소하게 된다.

9.4 화폐의 정의 : 통화지표
货币定义 : 通货指标

통화당국은 앞서 언급한 바대로 경제의 안정을 위해서 통화의 총량을 적절히 조절하여 통화가치를 안정시킬 의무를 가지고 있다. 그런데 이처럼 통화량을 적절히 조절하기 위해서는 먼저 시중에 돈(통화)이 얼마나 풀려있는가를 파악해야 한다. 이처럼 화폐의 총량을 측정하기 위해 마련된 지표를 통화지표(通货指标)라 한다. 즉 시중에 유통되는 화폐를 어느 시점에서 측정한 총액을 통화량(通货量)이라 하고 이 통화량을 측정하는 지표를 통화지표라 한다.

현실경제에서 통화량을 측정할 때 어디까지를 화폐(돈)로 볼 것인가 하는 문제가 발생한다. 경제에는 현금과 유사한 기능을 갖는 여러 금융자산이 존재하기 때문이다. 현금만이 돈이 아니라 정기예금통장에 들어 있는 돈이나 수표, 채권, 유가증권 등도 현금만큼 쉽게 바로 찾아서 쓸 수는 없지만 어느 정도의 비용이나 불편을 감수하면 현금화할 수 있기 때문이다. 이처럼 어떤 금융자산이 얼마나 쉽게 현금화할 수 있느냐의 정도에 따라서 "유동성(流动性)이 높다 혹은 낮다"라고 얘기한다. 예를 들면 요구불예금은 은행에 별다른 추가비용지불 없이 언제든지 현금지급을 요청할 수 있으므로 유동성이 높은 자산에 속하며, 반면 정기예금과 같은 저축성예금은 만기(到期)이전에 현금화할 경우 중도수수료와 같은 비용을 지불하거나 이자지급에 있어 불이익을 당하게 되므로 상대적으로 유동성 낮은 자산이라 할 수 있다.

그런데 이처럼 돈이 경제활동에서 중요한 기능을 수행한다 할지라도 경제의 규모나 여건에 비해 시중에 너무 많이 풀려 있는 경우 그 가치가 떨어져 물가가 지속적으로 오르는 인플레이션이 발생하고 반대로 지나치게 적은 경우에는 금리가 상승하고 생산자금이 부족하게 되어 경제활동이 위축되기도 한다.

따라서 국민경제의 안정적 발전을 위해서는 시중에 있는 돈의 양을 적정수준으로 유지해야 하는데 우리나라에서는 다른 나라와 마찬가지로 중앙은행인 한국은행이 물가를 안정시키고 경제활동이 원활히 이루어지도록 하기 위해 시중에 있는 돈, 즉 통화의 총량을 조절하는 기능을 수행하고 있다.

적정수준의 통화량을 유지하기 위해서는 무엇보다도 먼저 통화량의 크기와 변동을 파악할 수 있는 통화지표가 작성되어야 하는데 이는 시중에 돈이 얼마나 풀려 있는가를 가늠할 수 있는 척도로서 통화신용정책을 수립하고 집행하는 데 있어 중요한 기초자료가 된다.

일반적으로 통화지표는 유동성이 높은 자산으로부터 시작해서 단계적으로 유동성이 낮은 자산을 포함하여 정의된다.

표 9 1 주요 통화지표

구 분	통화지표 구성내용
현금통화	민간의 지폐 및 주화 보유액
통화(M1)	현금통화 + 예금은행 요구불예금
총통화(M2)	M1 + 예금은행 저축성예금(정기 예적금 및 부금)
총유동성(M3)	신 M3 + 표지어음매출 + 상업어음매출 + 환매조건부채권매도

※ 금융채권 : 은행이 발행하는 채권
상업어음 매출액 : 투금사들이 기업으로 사들인 어음을 일반에 다시 판 금액
환매채권 : 금융기관들이 보유하고 있는 채권을 고객에게 판매한 후 고객이 다시 팔고자 할 때 일정한 수익을 더해 사들이는 채권
※ 총유동성(M3) : 신용카드, 현금카드와 같은 전자화폐는 포함되지 않음

9.5 통화지표의 선택 : 중심통화지표
中心通货指标

정부나 금융당국은 물가나 경제성장과 밀접한 관계를 가지는 통화지표를 선정하여 이를 통해 통화조절을 하고 경제를 안정시킨다. 이러한 통화지표를 중심통화지표라 하는데 우리나라는 과거 M2를 중심통화지표로 사용하고 보조지표로써 M1, M3, M2A(M2 + 2년이상 만기정기예금 및 적립식예금 등 유동성이 낮은 장기저축성예금 제외), M2B(M2A + CD와 비통화금융기관의 단기예수금) 등을 사용하였다.

그러나 우리나라 경제의 규모가 커지고 다양한 금융기관이 등장함에 따라 더 이상 과거의 중심통화지표로는 현실경제를 반영하기 어렵게 되자 새로운 중심통화지표의 개념이 요구되기

에 이르렀다. 이에 따라 과거의 통화지표를 수정하여 신M1이나 신M2와 같은 통화지표로 변경하여 금융자유화와 자본자유화로 인해 생겨난 다양하고 복잡한 금융상품의 출현을 반영하고 있다.

9.6 새로운 통화지표
新通货指标

종전의 통화, 총통화 등 통화지표는 금융상품의 유동성보다도 이를 취급하는 금융기관의 법적 지위를 기준으로 작성되었기에 시중 유동성 수준을 정확히 반영하지 못하였으며, 이는 통화지표와 최종목표변수(最总目标变数) 사이의 안정적 관계를 저하시켜 정책지표로서의 유용성을 떨어뜨리는 결과를 초래한다는 문제가 발생한다. 따라서 시중 유동성을 보다 정확히 반영하여 통화지표의 유용성을 높이는 동시에 IMF의 새로운 국제기준에도 부합하는 현행 금융기관 중심의 통화지표 편제방식을 유동성 중심으로 개편할 필요성이 제기됨에 따라, 한국은행은 2000년 6월 새 통화지표편제에 착수하여 2002년 3월 1991년 이후의 통화총량을 중심으로 편제결과를 발표하였다.

새 통화지표에서 개별 금융자산을 협의(狭义) 또는 광의(广义)의 통화지표에 포함시킬지의 여부는 원칙적으로 당해 금융자산의 유동성 정도를 판단기준으로 하고 있다. 유동성 판단시에는 금융자산의 최저예입금 한도, 타상품과의 대체가능성 등 금융자산의 특성에 영향을 미칠 수 있는 요건 및 당해 금융자산을 공급한 금융기관의 성격도 동시에 고려하였으며 지표의 속보성과 자료의 입수 가능성 등 실무적 요건도 고려한다.

금융자산의 특성 및 유동성 기준에 입각한 금융상품 분류를 바탕으로 한 지표의 빌딩블록(Building block)중에서 협의통화인 신M1은 통화의 지급결제기능을 기준으로, 광의통화인 신M2는 지급결제기능에 가치저장수단으로서의 기능까지 포함시키되 인플레이션, 경제성장률 등 거시경제변수와의 관계, 중앙은행의 통제가능성 등 광의의 통화지표가 갖추어야 할 실증적 요건 등을 선정기준으로 한다. 새 지표중 신M1(협의통화)의 경우 현금통화와 예금취급기관의 요구불예금과 수시입출식 저축성예금으로 구성하였으며 신M2(광의통화)는 신M1에 비해 유동성은 다소 떨어지나 신M1 금융상품과 대체성이 높은 예금취급기관의 금융상품으로 구성된다.

읽을거리 : 리디노미네이션이란?

리디노미네이션(redenomination)*이란 화폐단위를 변경하는 것, 보통 통용되는 모든 지폐와 동전의 액면을 1,000 대 1 또는 100 대 1 등과 같이 동일한 비율의 낮은 숫자로 변경하는 것을 말합니다. 만일 현행 화폐를 1,000 대 1로 리디노미네이션하면 10억 원짜리 아파트는 100만 원으로 됩니다. 이 경우 실질적인 의미에서 가치가 변동하거나 자산 규모가 줄어드는 것은 아닙니다. 따라서 리디노미네이션은 돈의 여러 가지 기능 중에서 가치척도 기능인 표시 단위를 변경하는 정책이라고 할 수 있습니다. 한편 리디노미네이션을 할 때 화폐의 호칭을 바꾸지 않으면 경제생활에 혼란이 일어날 수 있기 때문에 보통 화폐의 호칭도 함께 변경합니다.

2004년 1월 터키 의회는 터키 정부가 제출한 화폐단위 변경에 관한 법률을 승인하여 2005년 1월부터 100만 대 1로 리디노미네이션을 실시하였습니다. 터키 중앙은행이 2004년 2월 발표한 자료에 따르면 1923년의 독일 이후 2002년의 아프가니스탄까지 모두 49개 국가에서 화폐단위를 변경하였다고 합니다. 대표적인 사례로서 프랑스와 핀란드가 각각 1960년과 1963년에 100 대 1로, 러시아가 1998년에 1,000 대 1로 리디노미네이션을 실시하였습니다. 우리나라도 지금까지 두차례에 걸쳐 리디노미네이션을 한 바 있습니다. 지난 1953년 2월 화폐단위를 100 대 1로 낮추면서 호칭을 원(圓)에서 환(圜)으로 변경하고, 1962년 6월에는 화폐단위를 10 대 1로 낮추면서 호칭을 환(圜)에서 원으로 변경하였습니다.

그렇다면 리디노미네이션은 왜 실시하는 것일까요? 앞에서 리디노미네이션을 실시한 국가들의 사례를 보면 대체로 다음과 같은 큰 편익이 있었기 때문입니다. 경제규모가 커지거나 물가상승으로 화폐가치가 과도하게 떨어지면 화폐단위로 표현하는 거래단위 숫자가 너무 커져서 거래나 계산·회계처리 등 경제생활에서의 불편이 많아지는데 리디노미네이션으로 이를 해소할 수 있었습니다. 또한 이를 통해 자국 화폐의 대외적 위상을 높일 수 있는 장점도 있었습니다.

한편 리디노미네이션을 부정적으로 보는 측에서는 화폐단위가 낮아진 데 따른 착각 때문에 소비증가와 물가상승이 유발될 수 있다고 우려합니다. 또한 새 화폐의 제조, 현금입출금기와 자동판매기의 교체, 각종 전산 프로그램의 수정 등에 비용이 들어가는 단점도 있습니다.

* 통용되는 모든 지폐와 동전의 액면을 1,000 대 1 또는 100 대 1 등과 같이 동일한 비율의 낮은 숫자로 화폐단위를 변경하는 것

출처 : 한국은행

9.7 새 통화지표의 내용
新通货指标的内容

첫째, 협의통화(M1)는 화폐의 지급결제수단으로서의 기능을 중시한 지표로서 민간이 보유하고 있는 현금과 예금취급기관의 결제성예금 합계로 정의되고 있다. 현금은 가장 유동성이 높은 금융자산으로 교환의 직접 매개수단으로 사용되는 지폐와 동전으로 구성된다. 결제성예금은 예금취급기관의 당좌예금, 보통예금 등 요구불예금과 저축예금, 시장금리부 수시입출식예금(MMDA; Money Market Deposit Account), 단기금융펀드(MMF; Money Market Fund) 등 수시입출식예금으로 구성된다. 결제성예금은 비록 현금은 아니지만 수표발행 등을 통해 지급결제수단으로 사용되거나 즉각적으로 현금과 교환될 수 있으며 기능면에서 현금과 거의 같기 때문에 협의통화(M1)에 포함되고 있다. 한편, 결제성예금에 저축예금 등 수시입출식예금이 포함된 것은 수시입출식예금도 각종 자동이체서비스(ATS; Automatic Transfer Service) 및 결제기능 등을 갖추고 있어 요구불예금과 마찬가지로 입출금이 자유로운 금융상품이기 때문이다. 이와 같이 협의통화(M1)는 유동성이 매우 높은 결제성 단기금융상품으로 구성되어 있어 단기금융시장의 유동성 수준을 파악하는 데 적합한 지표이다.

둘째, 광의통화(M2)는 협의통화(M1)보다 넓은 의미의 통화지표로서 협의통화 (M1)에 포함되는 현금과 결제성예금 뿐만 아니라 예금취급기관의 정기예금, 정기적금 등 기간물 정기예적금 및 부금, 거주자 외화예금 그리고 양도성예금증서, 환매조건부채권, 표지어음 등 시장형 금융상품, 금전신탁, 수익증권 등 실적배당형 금융상품, 금융채, 발행어음, 신탁형 증권저축 등을 포함한다. 다만, 유동성이 낮은 만기 2년 이상의 장기 금융상품은 제외한다. 이와 같이 광의통화(M2)에 기간물 정기예적금 및 부금 등 단기 저축성예금 뿐만 아니라 시장형 금융상품, 실적배당형 금융상품 등을 포함하는 것은 이들 금융상품이 비록 거래적 수단보다는 자산을 증식하거나 미래의 지출에 대비한 일정기간 동안의 저축수단으로 보유되지만 약간의 이자소득만 포기한다면 언제든지 인출이 가능하여 결제성예금과 유동성 면에서 큰 차이가 없다고 보기 때문이다. 또한 거주자외화예금도 국내에서의 지급결제수단으로는 약간의 제약이 있지만 언제든지 원화로 바뀌어 유통될 수 있기 때문에 광의통화(M2)에 포함하고 있다. 한편, 광의통화(M2)는 금융상품의 유동성을 기준으로 편제되기에 종전에 금융기관의 금융상품을 중심으로 편제되었던 총통화(구M2)에 비해 금융권간 자금이동에 따른 지표 왜곡 문제를 해소할 수 있는 등 시중의 유동성을 잘 반영하고 있다.

표 9 2 신·구 통화지표의 비교

구 통화지표	신 통화지표[1]
구**M1(통화)** = 현금통화 + 예금은행의 요구불예금	**M1(협의통화)** = 현금통화 + 요구불예금 + 수시입출식 저축성예금 = 구M1 + 비은행기관 요구불예금 + 예금취급기관의 수시입출식 저축성예금(저축예금 및 MMDA, 투신사MMF 등)
구**M2(총통화)** = M1 + 예금은행의 저축성 예금 + 거주자 외화예금 **MCT**[2)] = M2 + CD + 금전신탁	**M2(광의통화)** = M1 + 기간물 정기예·적금 및 부금 + 시장형 상품 + 실적배당형 상품 + 금융채 + 기타(투신증권저축, 종금사 발행어음) * 단, 장기(만기 2년이상) 금융상품 제외 = 구M2 + CD + 금전신탁(장기 제외) + 비은행기관의 단기저축성 예·적금 및 부금 + RP + 표지어음 + 금융채(장기 제외) – 예금은행 장기 저축성예금 = M3 – 예금은행 및 비은행기관 장기 저축성 예금 – 생명보험회사 보험계약준비금
M3(총유동성) = M2 + 비은행기관 예수금 + CD + RP + 표지어음 및 상업어음 일반매출 + 금융채 등	**L(광의 유동성지표)** : 2006년 6월부터 기존 M3의 명칭을 금융기관유동성(Lf)으로 변경하여 L의 구성지표로 편제 ■ 금융기관유동성(Lf) = M2 + M2 포함 금융상품 중 만기 2년이상 정기예적금 및 금융채 등 + 한국증권금융의 예수금 + 생명보험회사의 보험계약준비금 등 ■ 광의유동성(L) = Lf + 정부 및 기업 등이 발행한 유동성 시장금융상품(증권회사 RP, 여신전문기관의 채권, 예금보험공사채, 자산관리공사채, 자산유동화전문회사의 자산유동화증권, 국채, 지방채, 기업어음, 회사채 등)

주 : 1) 음영으로 표시된 부분은 기존 통화지표와의 포괄범위 차이
2) MCT에 은행 RP와 표지어음을 더하여 MCT+를 쓰기도 함

9.8 우리나라 통화량의 크기
韩国的通货量

새로운 통화지표 체계가 도입된 2002년 이후의 통화지표 변동추이를 개관해보면, 먼저 협의통화(M1) 평잔은 가계대출이 급증세를 보인 2002년 중 전년 동기대비 22.5%의 높은 증가율을 보였으나 2003년 중에는 증가율이 6.9%로 하락한 후 2004년~2005년 중에는 8%대의 증가율을 유지하였다. 2006년 이후 2008년 초반까지 협의통화(M1)의 증가율은 계속 마이너스(-) 증가율을 기록하였는데 이는 협의통화(M1)에 포함되어 있던 MMF의 제도변경으로 인하여 수시입출이 제한됨에 따라 2005년 11월 법인 MMF가 협의통화(M1)에서 제외되고, 2007년 3월 개인 MMF도 협의통화(M1)에서 제외됨에 따라 생긴 현상이다. 2008년 이후 통화량 증가율이 완만하게 하락하는 추세를 보였으나 2019년 말에 터진 코로나19(COVID19)로 인한 경기침체를 막기 위한 추경편성 등 정부지출 증가로 인해 2020년부터 시중 유동성 공급은 빠르게 증가하고 있다. 하지만 2021년 말부터는 인플레이션 우려가 커짐에 따라 한국은행은 기준금리를 인상하는 등 유동성 관리에 보다 중점을 둘 것으로 보이나 정치권에서 제기되는 경기부양론에 따른 유동성 공급확대에도 부응해야 하는 딜레마적인 어려운 상황에 놓여 있다.

표 9 3 주요 통화 및 유동성 지표

(단위 : 조원)

		2005	2010	2015	2018	2019	2020
통화지표	M1(협의통화)	332.9	399.4	636.6	841.0	876.9	1,059.0
	M2(광의통화)	994.0	1,639.7	2,182.9	2,704.6	2,913.9	3,194.2
유동성지표	Lf (금융기관유동성)	1,348.8	2,096.5	2,986.7	3,686.4	4,120.6	4,458.6
	L(광의유동성)	1,653.2	2,656.1	3,942.9	4,838.1	5,210.3	5,640.0

주 : M1, M2, Lf 연평잔 기준, L 말잔 기준

자료 : 한국은행

그림 9 2 주요 통화지표의 증가율 추이

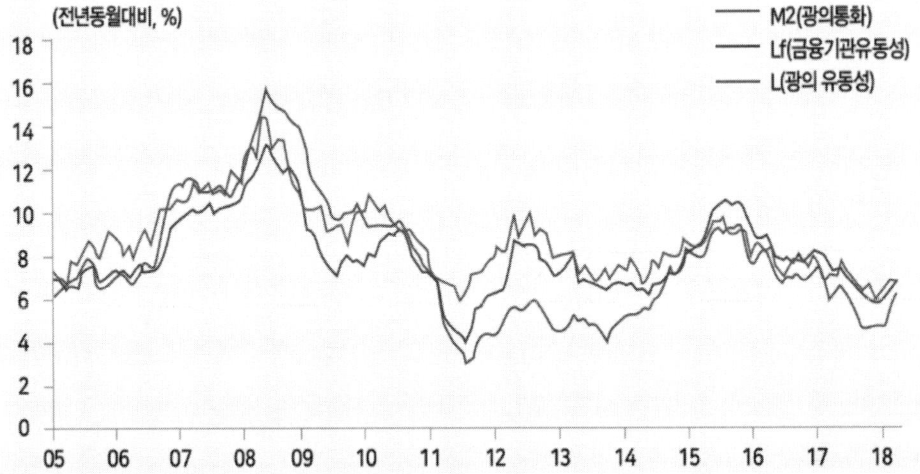

주: M2 및 Lf는 평잔 기준, L은 말잔 기준

자료: 한국은행

표 9 4 통화 및 유동성 지표별 구성내역

(2017년말, 단위 : 조원)

구성항목	M1	M2	Lf	L
현금통화(96.8)	M1 (협의통화) (849.9)	M2 (광의통화) (2,530.4)	Lf (금융기관 유동성) (3,565.9)	L (광의유동성) (4,530.8)
요구불예금(227.8)				
수시입출식예금(525.2)				
정기예적금(975.9)				
시장형 금융상품[1](30.5)				
실적배당형 금융상품[2](484.9)				
기타 예금 및 금융채(189.1)				
2년 이상 장기금융상품 등(346.8)				
생명보험계약준비금 및 증권금융예수금(688.8)				
기타금융기관상품(458.1)				
국채, 지방채(276.9)				
회사채, CP(229.9)				

읽을거리 : 지갑속의 돈만 돈인가?

경제내에서 유통되는 돈의 양, 즉 통화량(money stock)은 물가 금리 환율 등의 변동을 통해 우리의 경제생활에 큰 영향을 미칩니다. 돈이 시중에 필요 이상 또는 반대로 너무 적게 풀려 있으면 경제에 많은 어려움을 줍니다. 이에 따라 각국의 중앙은행은 시중에 유통되는 돈의 총량을 적절한 수준으로 유지하고 조절하는 기능을 수행하고 있습니다. 통화량을 효과적으로 조절하기 위해서는 먼저 유통되고 있는 돈의 총량을 파악하여야 하는데 이를 위해 통화지표를 작성합니다.

통화지표는 무엇까리를 돈의 범주에 포함시키는지에 따라 여러 가지가 있습니다. 흔히 통화라고 하면 갖고 있는 지폐나 주화 같은 현금만을 떠올리기 쉽습니다. 그러나 각종 예금도 필요한 경우 현금으로 인출할 수 있으므로 범위를 넓혀 이들도 통화에 포함시킬 수 있습니다. 나라마다 조금씩 다른 통화지표를 사용하고 있는데 우리나라에서는 협의통화(M1), 광의통화(M2), 금융기관유동성(Lf), 광의유동성(L) 등 네 가지 지표를 작성하고 있습니다. 각국의 중앙은행은 이러한 통화지표의 추이를 관찰하여 시중자금의 움직임을 분석하고 통화정책을 수행하는 데 참고하고 있습니다.

협의통화(M1) : 현금, 즉 지폐와 주화는 명백히 돈에 포함됩니다. 그러나 우리는 많은 돈이 필요할 경우 자기앞수표를 사용하여 물품 구입대금을 지급하기도 합니다. 따라서 요구불예금 잔액, 즉 자기앞수표를 발행하여 인출할 수 있는 은행의 예금계좌도 통화량에 포함시켜야 합니다. 비록 현금은 아니지만 수표발행 등을 통해 원할 경우 곧바로 현금으로 찾아쓸 수 있어 지갑속의 현금과 거의 마찬가지이기 때문입니다. 이처럼 현금 이외에 예금취급 금융기관의 입출금이 자유로운 요구불예금, 수시입출식예금(MMDA) 등 결제성 예금을 포함하여 M1이라고 합니다. M1은 돈의 세 가지 기능 중 교환의 매개수단, 즉 지급결제수단으로서의 기능을 중시한 통화지표라고 할 수 있습니다.

광의통화(M2) : M1에 포함되는 현금과 결제성 요구불예금 이외에 예금취급 금융기관의 만기 2년 미만 정기예금, 수익증권, 금융채, 거주자 외화예금 등을 포함합니다. 이들 금융상품은 결제의 수단보다는 자산을 증식하기 위해 일정기간 저축수단으로 보유되지만 다소간의 이자소득만 포기하면 언제든지 인출이 가능합니다. 따라서 유동성 면에서 결제성 예금과 큰 차이가 없다고 할 수 있습니다.

금융기관유동성(Lf) : M2에 예금취급 금융기관의 만기 2년 이상 M2 대산 금융 상품과 보험사의 보험계약준비금 등을 포함하는 것으로 종전에 M3라고 불리던 통화지표입니다.

광의유통성(L) : Lf에 기업 및 정부 등이 발행하는 기업어음, 회사채, 국공채 등의 유가증권을 포함시킨 통화지표로 시중의 유동성 수준을 가장 넓게 파악하는 지표입니다.

출처 : 한국은행

읽을거리 : 돈 이야기(1) – 세계는 지금 위조지폐와 전쟁 중

컬러프린터, 스캐너 등 컴퓨터 주변기기의 성능이 날이 갈수록 향상되면서 이를 이용한 정교한 위조지폐가 크게 늘어나고 있어 세계 각국이 지폐의 위조 방지를 위해 고심 중에 있습니다. 미국은 지폐 위조 방지를 위해 2003년 10월에 20달러 지폐를, 2004년 9월에는 50달러 지폐를, 그리고 2008년 3월에는 5달러 지폐를 각각 새로 발행하였으며 100달러 새 지폐도 2013년 이후 선보일 예정입니다. 유럽 12개국은 2002년 유로화를 공식 통화로 도입하면서 여러 가지 첨단 위조방지장치를 적용하였으나 전문위조단 등에 의한 위조지폐가 증가함에 따라 2013년 5월부터 새 지폐를 발행할 계획이라고 합니다. 일본에서도 위조지폐의 증가 등으로 인해 2004년 11월 20년 만에 지폐를 새로 발행하였습니다. 우리나라에서도 위조방지장치를 보강하여2006년 1월에 오천원권을, 2007년 1월에 만원권과 천원권을, 2009년 6월에는 오만원권을 새로 발행한 바 있습니다. 위조지폐는 약간의 주의만 기울이면 쉽게 구별할 수 있습니다. 위조지폐를 발견하면 사용자의 인상착의 등을 확인하여 신속히 가까운 경찰서 또는 한국은행에 신고하는 국민의 적극적인 협조가 필요합니다.

읽을거리 : 돈 이야기(2) – 땡전 한 푼의 유래를 찾아서

돈과 언어는 공통점을 갖고 있습니다. 언어가 있기에 이를 매개로 서로 의사전달을 하여 생각과 감정을 공유할 수 있습니다. 이와 마찬가지로 서로 안심하고 주고받을 수 있는 돈이 있기에 복잡한 거래가 단순화되어 누구든지 교환의 편익을 쉽게 누릴 수 있습니다. 따라서 돈은 모든 경제거래에서의 언어라 할 수 있을 것입니다. 그런데 돈은 변했어도 우리가 즐겨 쓰는 돈에 관한 언어 표현은 쉽게 바뀌지 않아 언어를 통해 돈의 옛 자취를 되돌아 볼 수 있는 실마리를 찾을 수 있습니다. 예를 들어 가진 돈이 전혀 없음을 강조할 때 흔히 '땡전 한 푼' 없다고 말한다든지 저축을 홍보할 때 '푼돈 모아 목돈 마련' 등이라는 표어를 아주 자연스럽게 쓰고 있는 것이 그것입니다.

그러면 땡전은 무엇이고 푼은 무엇일까요? 먼저 '푼'은 우리나라에 근대화폐, 즉 신식화폐가 등장하기 이전에 사용되었던 조선통보 상평통보 등을 일컫는 엽전을 말하는 것으로 엽전 1개는 1푼, 10푼은 1전(錢)이며 10전(錢)은 1량이니 1량이100푼이었습니다. 또한 땡전은 고종 3년(1866년) 흥선대원군이 경복궁을 다시 지을 때에 막대한 경비조달 등을 위해 당백전(當百錢)을 주조 유통시킨 데서 그 유래를 찾을 수 있습니다. 당시 당백전은 실질가치(소재가치)가 상평통보의 5~6배에 불과한 반면 그 명목가치는 100배에 달하여 발행 초기에 쌀값을 6배로 폭등케 하는 등 국민의 생활을 극도로 피폐하게 하였습니다.

이로 인해 당시 사람들이 당백전에서의 당전을 거세게 발음하여 땅전으로, 다시 땅전을 땡전으로 더 격하게 발음하게 되어 그 땡전이 오늘날까지 이어진 것으로 추측됩니다. 이는 실로 국민생활의 편의를 도외시하고 제조 · 유통된 화폐에 대한 국민의 준엄한 경고가 언어 속에 오래도록 간직되어 왔음을 역설적으로 보여주는 것이라 하겠습니다.

〈자료 : 이정식 · 이정욱, '돈을다루는사람의돈이야기'〉

당백전(當百錢) : 당백전은 대원군의 주도 아래 1866년(고종3년)부터 이듬해까지 발행된 동전으로 경복궁 중건과 군사력 증강에 필요한 재정 수입 확보를 목적으로 제작되었다. 액면가치가 상평통보 1문(엽전 한 개)의 100배여서 당백전으로 불리었지만 실질가치(소재가치)는 상평통보의 5~6배에 불과하여 여러 가지 부작용이 발생하였다. 관주(官廚) 이외에도 사주(私鑄) 및 도주(盜鑄)가 성행하여 이로 인한 당백전의 남발은 화폐가치의 하락과 물가상승을 초래하였다. 당백전 발행 당시 7~8냥 하던 쌀 1섬의 값은 이후 44~45냥으로 무려 6배나 폭등하여 일반백성들의 생활은 극도로 피폐해졌다.

〈'한국은행 화폐금융박물관' (2004년 12월)에서〉

읽을거리 : 돈 이야기(3) – 신용카드와 전자화폐도 돈인가?

사람들은 신용카드(credit card)를 이용하여 물건을 구입하고 식사대금을 지불하는 등 실생활에서 지갑 속의 현금과 같이 거래의 매개수단으로 사용하고 있습니다. 그렇다면 신용카드도 돈으로 보아야 하지 않을까요? 언뜻 보면 그럴 듯 해 보이지만 결론적으로 말하면 신용카드는 돈이 아닙니다. 신용카드는 지불을 늦추는 수단에 불과하기 때문입니다. 신용카드 주인이 신용카드를 이용하여 식사대금을 지급하면 신용카드를 발급한 은행 또는 신용카드회사가 우선 식사대금을 지급하고 신용카드 주인은 후에 이 금액을 신용카드 사용대금 청구서를 받고 본인의 예금계좌를 이용하여 은행이나 신용카드회사에 납부하게 됩니다.

한편 전자화폐(electronic money)는 IC카드, 컴퓨터 등 전자적인 매체에 저장되어 있는 화폐적 가치로서 상품이나 서비스의 구매대금 결제에 사용됩니다. 전자화폐 역시 예금이나 현금을 근거로 돈을 전자화폐에 저장하여 사용한다는 점에서 현금의 대용수단이 되지만 그 자체로 돈이라고 할 수는 없습니다. 전자화폐로 물건을 구입하면 신용카드와 달리 사용액이 전자 매체에서 곧바로 빠져 나갑니다. 즉 전자적으로 내장된 금액 범위 안에서만 전자화폐를 이용하여 물건을 사는 데 사용할 수 있는 것입니다. 이런 의미에서 전자화폐는 자기앞수표에 가깝다고 볼 수 있습니다. 전자화폐는 그 자체가 돈이 아니며 그 뒤에 있는 예금계좌가 돈이며, 따라서 그 예금계좌의 잔액이 통화, 즉 돈에 포함됩니다.

신용카드나 전자화폐를 돈으로 간주하는 것은 돈의 기능 중 교환의 매개수단만을 염두에 두었기 때문입니다. 그러나 돈, 즉 화폐는 교환의 매개수단 이외에 가치척도 및 가치저장의 수단으로도 사용되고 있는 점을 생각하면 신용카드나 전자화폐를 왜 돈이라고 할 수 없는지 이해할 수 있을 것입니다.

출처 : 한국은행

읽을거리 : 돈 이야기(4) – 우리나라 돈의 역사

우리 나라에서 돈, 즉 화폐의 주조와 사용에 관한 최고의 기록은 기원전 957년 기자조선의 자모전(子母錢)에 관한 것입니다. 또 삼한의 하나인 마한에서는 기원전 169년 동전(銅錢)을 주조하였다는 기록이 전해지고 있습니다. 그러나 고려시대 이전에는 교환의 매개수단으로 금속으로 만든 돈보다는 곡물이나 베와 같은 직물이 주로 사용되었던 것으로 짐작되며 돈에 관한 기록과 유물이 본격적으로 나타나기 시작한 것은 고려시대부터입니다.

역사적으로 증명할 수 있는 우리나라 최초의 돈은 철을 주조해 만든 건원중보(乾元重寶)입니다. 건원중보는 고려 성종 15년인 996년에 처음 발행되었으나 활발히 사용되지는 않았습니다. 조선시대에 들어와 중앙집권적 통치체제를 확립해 나가는 과정에서 화폐 제도를 정착시키기 위해 많은 노력을 기울였습니다. 1401년(태종1년)에는 최초의 지폐인 저화(楮貨)가 발행되었으며, 1423년(세종5년)에는 동전(銅錢)인 조선통보(朝鮮通寶)가 나왔습니다. 그러나 조선 초기에는 교환 경제가 발달하지 않아 이들 화폐가 일반적인 거래의 매개수단으로 정착되지 못하였습니다. 그러다가 상공업이 발달하면서 1678년(숙종4년) 우리나라 화폐 발전에 획기적인 계기가 되는 상평통보(常平通寶)가 발행되었습니다. 상평통보는 우리나라 화폐 중 전국적으로 유통된 최초의 화폐이며 2세기에 걸쳐 장기간 통용되었습니다.

우리나라에서 유통된 최초의 은행권은 일본 제일은행(第一銀行)이 1902년에 개항장에서 무역 거래를 위하여 유통시킨 일 원(壹圓) 오 원(五圓) 십 원(拾圓) 3종류의 지폐입니다. 1090년 우리나라 최초의 중앙은행이라고 할 수 있는 구한국은행(당시의 이름은 한국은행이었으나 현재의 한국은행과 구별하기 위하여 구한국은행이라 함)이 설립되고 1910년부터 일 환(壹圜) 오 환(五圜) 십 환(拾圜)을 발행하였습니다. 1911년 8월 구한국은행은 조선은행으로 다시 출범하고 1914년부터 일 원(壹圓) 오 원(五圓) 십 원(拾圓) 백 원(百圓)짜리 돈을 발행하였으나 중일전쟁 발발 이후에는 전비조달을 위해 은행권을 남발하여 우리나라에서 경제적 수탈을 심화시켰습니다.

1950년 6월 현재의 한국은행이 설립되고 그해 7월에 최초의 원(圓) 표시 한국은행권을 사용하기 시작하였습니다. 1953년 2월에는 인플레이션의 진정 등을 목적으로 화폐단위를 원(圓)에서 환(圜)으로 바꾸고 100원(圓)을 1환(圜)으로 화폐단위를 변경하였습니다. 이후 1962년 6월 다시 화폐단위를 환(圜)에서 순수한 한글인 원으로 바꾸고 10환(圜)을 1원으로 조정하여 현재에 이르고 있습니다.

출처: 한국은행

9.9 금융 및 금융시장
金融及金融市场

(1) 금융의 본질과 기능(金融的本质与职能)

금융(finance)이란 경제주체 상호간에 자금을 유통하는 것을 말한다. 즉 돈을 가진 경제주체(사람, 기관)와 돈을 필요로 하는 경제주체간에 이뤄지는 자금의 대부와 차입과정을 말한다. 따라서 금융에는 자금을 필요로 하는 차입자(적자지출단위)와 자금을 공급하는 공급자(흑자지출단위)가 있게 되고 이때 자금차입에 대한 대가인 이자를 중심으로 돈(화폐)의 수요와 공급이 이뤄진다.

(2) 금융의 종류(金融的种类)

금융의 종류에는 직접금융과 간접금융이 있다. 직접금융(直接金融)은 기업이 주식이나 회사채를 발행하여 자금을 조달하는 것과 같이 자금의 최종수요자와 공급자가 직접자금을 거래하는 방식을 말하며, 간접금융(间接金融)이란 은행의 대출과 같이 금융기관이 자금의 수요자와 공급자 사이에서 자금을 중개하는 거래를 말한다.

금융시장은 자금의 거래가 계속해서 이뤄지는 조직이나 기관을 말한다. 금융시장은 돈을 공급하는 자금의 공급자, 돈을 필요로 하는 자금의 수요자, 이들간에 자금의 수요와 공급을 중개하는 금융기관으로 구성된다.

금융시장은 대출기간에 따라 단기금융시장과 장기금융시장으로 나누는데, 대부기간이 1년 미만인 경우를 단기금융시장(短期金融市场)이라 하고, 대부기간이 1년 이상인 경우를 장기금융시장(长期金融市场)이라 한다.

1) 단기금융시장(短期金融市场)

단기금융시장 일명 화폐시장이라 부르는 금융시장에는 콜시장과 할인시장이 있다. 콜시장은 금융기관 간 일시적인 유휴자금을 거래하는 시장을 말하는데, 이때 자금공급자를 콜론(call loan), 자금수요자를 콜머니(call money, 活期贷款)라 하고, 콜머니에 대한 금리를 콜레이트

(call rate, 活期贷款利率)라 한다. 할인시장은 주로 상업어음이나 융통어음이 거래되는 시장을 말한다. 즉 대금 대신에 일정기간 이후 만기가 도래되는 어음을 받은 자가 미리 자금을 융통하기 위해 어음만기일까지의 금리를 할인하는 시장을 말한다.

2) 장기금융시장(长期金融市场)

장기금융시장 일명 자본시장에는 장기대부시장과 증권시장이 있다. 장기대부시장은 기업의 설비자금과 같은 대출상환이 장기인 자금을 산업은행, 기업은행 등에 의해 대부되는 시장을 말한다. 증권시장(证券市场)은 증권발행시장과 증권유통시장이 있는데, 증권발행시장은 기업이 자금조달을 위해 증권을 발행하고자 할 때 증권회사가 증권발행을 대행해주는 시장을 말하고 증권유통시장은 증권의 매매가 이뤄지는 시장을 말한다.

(3) 금융기관(金融机构)

금융기관은 크게 M1(통화와 요구불예금)을 공급하거나 창출하는 통화금융기관과 그렇지 않은 기관인 비통화금융기관으로 구분한다. 통화금융기관 대신 흔히 제1금융권이라는 용어를 사용하기도 하는데, 여기에는 중앙은행과 예금은행이 속하게 된다. 중앙은행은 통화가치의 안정과 통화의 원할한 공급을 감독을 담당하는 기관을 말하며 우리나라의 한국은행, 미국의 연방준비은행(美国联邦储备银行), 일본의 일본은행이 여기에 해당한다. 예금은행은 주로 예금을 취급하는 은행으로서 일반은행(시중은행), 지방은행, 외국은행 국내지점 등이 여기에 해당된다.

비통화금융기관 혹은 제2금융권이란 통화금융기관을 제외한 금융기관으로 자금흡수를 예금이 아닌 출자금, 기금, 보험료, 부금 등의 형태로 조달하는 금융기관을 말한다. 여기에는 개발기관, 투자기관, 투자금융회사, 저축기관, 보험회사, 기타 금융기관 등이 속한다.

그림 9 3 금융시장의 구조

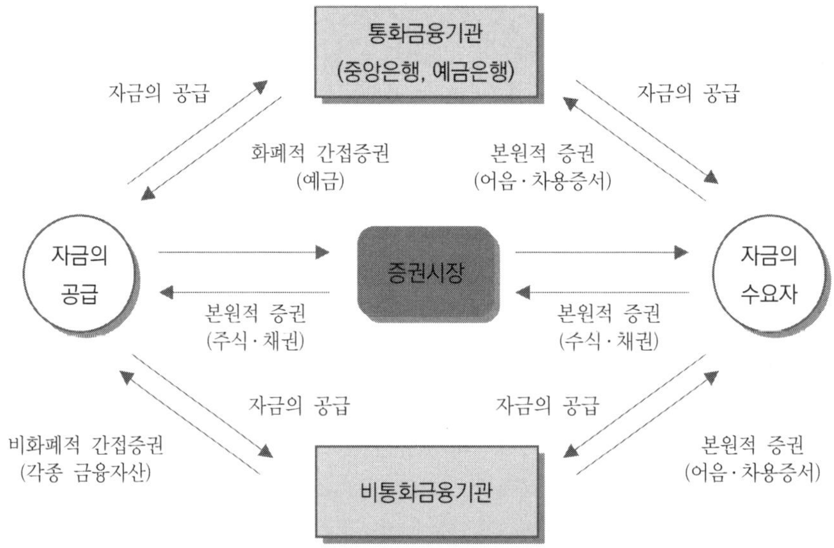

(4) 금융기관의 종류(金融机构种类)

우리나라 금융기관은 크게 한국은행 및 예금은행을 포괄하는 통화금융기관과 비통화금융기관(개발기관, 투자기관, 저축기관, 보험기관)으로 분류되었으나, 현재는 통화금융통계의 편제기준으로 삼고 있는 IMF의 기준에 의해 그 기능에 따라 중앙은행, 기타예금취급기관, 기타금융기관으로 나뉘어진다. IMF 매뉴얼에서는 금융기관을 대출 또는 유가증권 등 금융자산의 취득을 통해 다른 부문에 자금을 공급할 목적으로 자가계정에 예금 및 금융채 등의 금융부채를 발생시켜 자금을 조달하는 금융중개활동을 하거나, 금융중개활동은 아니나 금융중개활동을 원활히 촉진시켜주는 보조적 금융활동을 수행하는 기관으로 정의하고 있다. (<표 9-5> 참조)

표 9 5 금융기관 포괄범위의 신구 비교

구체계	현 행
통화당국 (Monetary Authority)	**중앙은행** (Central Bank)
예금은행[1)] (Deposit Money)	**기타예금취급기관** (Other Depository Corporations) • 상업은행 • 개발기관 • 투자기관 • 저축기관
비통화금융기관 (Other Financial Institutions) • 개발기관 • 투자기관 • 저축기관 • 보험기관	**보험회사 및 연금기금** (Institutions Companies & Pension Funds) • 보험회사 • 연금기금
	기타금융중개기관 (Other Financial Intermediaries) • 금융리스회사, 뮤추얼펀드 등
	금융보조기관 (Financial Auxiliaries) • 증권·선물거래소 • 브로커와 대리인 • 금융보증회사 • 외환회사, 환전소 • 파생금융상품회사 등

주1) 수표 등으로 인출 가능한 예금이 총부채의 상당부분을 차지하는 금융기관

1) 중앙은행(中央银行)

중앙은행이란 국가 금융기관으로서 금융시스템의 핵심 분야에 통할권을 행사하며 화폐의 발행, 외환보유액 관리, IMF와의 거래, 기타예금취급기관에 대한 신용공급 등의 기능을 수행하는 기관을 의미한다. 우리나라에서는 한국은행이 한국은행법에 의해 이러한 기능을 수행하므로 이에 해당되며, 정부관리기금이지만 대외지급준비금 관리기능을 수행하고 있는 외국환평형기금도 중앙은행의 범주에 포함된다.

2) 기타 예금취급기관(其他存款金融机构)

기타예금취급기관은 금융중개기능을 수행하면서 '광의통화(M2)'의 정의에 해당하는 단기성 예금이나 금융채 등의 유동성 부채를 발행하는 금융기관으로서 예금은행, 수출입은행, 종합금융회사, 투자신탁회사, 은행신탁, 상호저축은행, 신용협동기구, 우체국예금 등이 해당된다.

예금은행은 주로 요구불예금, 수시입출식예금, 기간물 정기예적금과 같은 예금이나 금융채 발행 등을 통해 조달한 자금을 단기대출로 운용하는 상업금융업무와 함께 장기금융업무를 취급하는 일반은행과 일반은행이 재원이나 채산성의 제약으로 필요한 자금을 공급하기 어려운 특정부문에 자금을 공급하는 특수은행으로 구분할 수 있다. 일반은행은 은행법의 적용을 받는 시중은행, 지방은행 및 외국은행 국내지점이 포함되며, 특수은행은 각각의 특별법에 의해 설립된 한국산업은행, 중소기업은행, 농업협동조합 및 수산업협동조합의 신용사업부문이 해당된다. 다만, 수출입금융을 전문적으로 취급하는 수출입은행은 예금을 취급하지 않고 있는 데다 소요자금 조달의 대부분을 정부 또는 해외로부터의 차입이나 채권발행에 의존하고 있어 예금은행이 아닌 별도의 기관으로 분류하고 있다.

이외에도 주로 단기금융시장과 주식 및 채권시장 등 직접금융시장에서의 자금중개기능을 수행하는 종합금융회사 및 투자신탁회사, 금전 및 재산을 신탁받아 이를 유가증권, 대출금 등으로 운용하는 은행신탁, 지역의 서민과 소규모기업을 대상으로 한 여수신업무에 전문화되어 있는 상호저축은행, 조합원에 대한 여수신을 통한 조합원 상호간 상부상조를 목적으로 운영되고 있는 농협, 수협 및 산림 회원조합의 신용사업부문인 상호금융, 새마을금고 신용협동조합 등 신용협동기구, 전국의 우체국에서 취급하고 있는 공영금융기관인 우체국예금 등이 있다.

3) 기타금융기관(其他金融机构)

기타금융기관은 기타금융중개기관, 보험회사 및 연기금, 금융보조기관을 포괄한다. 기타금융중개기관은 광의통화(M2) 이외의 장기성 예금, 차입, 채권 및 지분증권 발행 등의 다양한 방법을 통해 자금을 조달하며, 특정 고객에 대한 대출이나 독특한 대출수단을 사용하는 광범위한 형태의 금융기관을 포괄한다. 증권금융회사 증권회사 등 증권기관, 증권투자회사(뮤추얼펀드), 리스회사 신용카드회사 할부금융회사 등 여신전문금융기관, 유동화전문회사, 주택저당채권유동화회사 등 유동화전문기관, 국민주택기금 등 공적금융기관, 그리고 부실정리금융기관 등이 여기에 해당된다. 보험회사 및 연금기금은 보험회사와 자율적 연금기금을 포함한다. 보험회사는 그 주된 목적이 생명, 사고, 건강, 화재 등의 보험을 제공하는 금융기관으로 생명보험회사, 우체국보험, 손해보험회사 등이 여기에 해당된다. 연금기금은 특정 피고용자 그룹에게 은퇴후 급부를 제공하기 위하여 설립된 기관으로서 그 자신의 자산과 부채를 보유하며, 자가계정으로 시장에서 금융거래에 참가한다. 연금기금은 고용주, 정부, 또는 고용주와 피고용자가 공동으로 조직하고 관리하며, 피고용자와 고용주는 정기적으로 부담금을 출연한다. 공무원연금, 군인연금, 사립학교교원연금, 대한교원공제회, 체신관서공제조합 등이 여기에 해당된다. 금융보조기관은 금융중개활동은 아니나 금융중개와 밀접한 관련이 있는 활동을 주활동으로 하는 금융기관으로 자가계정에 부채를 발생시켜 위험을 부담하지 않는다는 점에서 금융중개기관과 차이가 있다. 신용보증기관, 신용평가회사, 자금중개회사, 금융결제원, 한국증권거래소, 선물거래소, 투자자문회사, 금융감독원 등을 들 수 있다.

이렇게 정의되는 다양한 금융기관들은 '광의통화'에 해당하는 금융상품의 취급 여부에 따라 다시 예금취급기관과 기타금융기관으로 분류된다. 즉 광의통화에 포함되는 통화성부채를 발행하는 중앙은행과 기타예금취급기관을 예금취급기관이라 하고 그 이외의 금융기관을 기타금융기관이라 한다. 현재 우리나라에서 편제하고 있는 통화지표의 경우 협의통화(M1) 및 광의통화(M2) 지표는 예금취급기관의 현금, 결제성예금, 단기성 예금 및 금융채 등의 금융상품만으로 이루어져 있다. 한편, M3는 예금취급기관 및 일부 기타금융기관(증권금융회사 및 생명보험회사)의 현금, 결제성예금, 장단기성 예금 및 금융채, 보험계약준비금 등의 금융상품으로 구성되어 있다.

현재 우리나라 통화지표는 이와 같은 예금취급기관 또는 기타금융기관의 분류기준을 바탕으로 각 금융기관의 대차대조표를 서로 연결하여 편제한다. 즉 예금취급기관의 대차대조표를 이용하여 협의통화(M1)와 광의통화(M2)를 편제하고 있으며 예금취급기관에 일부 기타금융기관(생명보험회사 및 증권금융회사)을 포함시킨 금융기관의 대차대조표를 연결하여 M3를 편제하고 있다.

표 9 6 우리나라의 금융기관

구분	분류	기관	비고
예금취급기관	중앙은행	한국은행	
		외국환평형기금	
	기타예금취급기관	예금은행	시중은행, 지방은행, 외국은행국내지점, 특수은행
		수출입은행	
		종합금융회사	은행 및 증권사 종금계정 포함
		자산운용회사 투자신탁계정	
		신탁회사	은행, 증권사 및 보험사 신탁계정 포함
		상호저축은행	
		신용협동기구	상호금융, 새마을금고, 신용협동조합
		우체국예금계정	
		증권사 CMA계정	
기타금융기관	보험회사 및 연금기금	보험회사	생명보험회사, 손해보험회사 등
		연금기금	공무원연금, 군인연금, 사립학교교원연금, 대한교원공제회 등
	기타금융중개기관	증권기관	증권금융회사, 증권회사
		투자회사	뮤추얼펀드
		여신전문금융기관	리스회사, 신용카드회사, 신기술금융사, 할부금융회사 등
		유동화전문기관	유동화전문회사, 주택저당채권유동화회사
		공적금융기관 등	국민주택기금, 국민투자기금 등
	금융보조기관	자산관리공사 등	자산관리공사, 자금중개회사, 선물회사, 신용보증기관, 신용평가회사 등

* MF의 통화금융통계 매뉴얼에서 제시하는 금융기관 분류체계 기준

좀더알아보기

파생금융상품시장이란?

투자자들은 다양한 금융상품을 분산하여 보유함으로써 가격 변동에서 오는 위험을 어느 정도 줄일 수 있습니다. 그러나 현실적으로 투자의 다양화만으로 위험을 줄이는 데 한계가 있습니다. 우선 다양한 금융상품을 보유하기 위해서는 충분한 돈이 있어야 한다는 제약이 있습니다. 또한 어떤 방식으로 자산을 분산시켜야 위험이 줄어드는지 알아내는 것도 그리 쉽지 않습니다. 이런 한계를 극복하고 좀 더 효율적으로 위험을 줄이기 위해 고안된 것이 **파생금융상품(financial derivatives)**입니다.

파생금융상품의 가격은 채권, 주식, 외환 등 기초가 되는·상품의 가격 변동에 따라 파생적으로 결정되는 특성이 있습니다. 그렇기 때문에 파생이란 말이 붙은 것인데, 대표적인 파생금융상품에는 선물(futures), 옵션(option), 스왑(swap)이 있습니다.

먼저 **선물**은 기초가 되는 금융상품을 미래의 정해진 시점에 특정한 가격으로 사고팔기로 미리 약속하는 거래입니다. 예를 들어 기업이 3개월 후에 수출대금으로 달러를 받을 계획인데 환율이 변동하는 데서 오는 위험을 회피하기 위해 은행과 1달러당 1,400원인 현재 환율에 팔기로 계약을 맺을 수 있을 것입니다.

다음으로 **옵션**은 미래의 일정한 시점 또는 기간 동안 미리 약속한 가격으로 주식 채권 환율 등을 사거나 팔 수 있는 권리만 부여하는 계약입니다. 따라서 반드시 이를 이행해야 할 의무까지 갖는 것은 아니라는 점에서 앞서 말한 선물과 차이가 있습니다.

스왑은 두 개의 금융자산 또는 부채에서 파생되는 미래의 현금흐름을 교환하기로 하는 계약을 말합니다. 스왑은 교환하는 대상에 따라 통화스왑과 금리스왑으로 다시 크게 구분할 수 있습니다.

출처 : 한국은행

좀더알아보기

선물상품의 종류

선물거래소에 상장되어 거래되는 상품은 거래소마다 다르며 각 거래소별로 상품을 특화하여 경쟁체제를 유지하기 위해 노력하고 있습니다. 선물상품은 상품의 성질 및 저장성, 가격구조 및 헤징의 수요, 현물시장의 규모 등 여러 가지 조건을 고려하여 설계됩니다.

선물계약의 거래대상이 되는 상품에 따라 크게 전통적인 1차상품선물(commodity futures)과 금융선물(financial futures)로 구분할 수 있습니다. 전통적인 1차상품선물은 농축산물, 임산물, 비철금속, 귀금속, 에너지 등을 거래대상 품목으로 정하고 있으며 금융선물은 통화, 금리, 주가지수 등의 금융상품을 거래대상으로 하고 있습니다.

자료 : 한국거래소 홈페이지

좀더알아보기

연체자에 대한 불이익

금융거래에서의 불이익

- 신규 대출을 받으려고 할 때 제한을 받게 된다(예 : 대출거절, 높은 이자율 적용 등).
- 기존 대출금을 상환해야 한다.
- 신용카드 사용에 제약을 받거나 사용이 금지된다.
- 신용카드 발급시 제약을 받게 된다.
- 연대보증인 자격에 제약을 받게 된다.

사회생활에서의 불이익

- 취직시 제약을 받을 수 있다.
- 이동전화 가입시 제약을 받을 수 있다.
- 각종 생활용품의 신용 할부구매시 제약을 받게 된다.

Chapter 09 Summary

1. 화폐의 정의
   상품을 매매하고 채권 · 채무를 청산하는 일상거래에서 일반적으로 통용되는 지불수단

2. 화폐의 기능
   ① 교환의 매개수단(화폐의 본원적 기능)
   ② 가치의 척도수단
   ③ 가치의 저장수단

3. 화폐의 발달 과정
   물품화폐 또는 상품화폐 → 금속화폐 또는 주조화폐 → 지폐 → 예금화폐 → 전자화폐

4. 통화지표
   시중에 유통되고 있는 통화의 유통량(통화량)을 측정하는 지표를 말함.
   ① 현금통화 = 민간의 지폐 및 주화 보유액
   ② 통화(M1) = 현금통화 + 예금은행 요구불예금
   ③ 총통화(M2) = M1 + 예금은행 저축성예금(정기 예적금 및 부금)
   ④ 총유동성(M3) = 신M2 + 표지어음매출 + 상업어음매출 + 환매조건부채권매도

5. 금융의 종류 : 직접금융, 간접금융

6. 금융시장의 종류
   ① 단기금융시장(화폐시장)
      - 콜시장 : 금융기관간 일시적인 유휴자금을 거래하는 시장(콜론, 콜머니, 콜레이트)
      - 할인시장 : 상업어음이나 융통어음이 거래되는 시장
   ② 장기금융시장(자본시장)
      - 장기대부시장 : 기업의 설비자금과 같은 대출상환이 장기인 자금을 대부하는 시장
      - 증권시장 : 증권발행시장과 증권유통시장

7. 금융기관의 종류
   ① 통화금융기관
   ② 비통화금융기관

Chapter 09 Example of Exam.

1. 화폐의 정의와 주요 기능에 대해 설명하라.

2. 화폐의 종류와 발달과정을 설명하라.

3. 통화지표의 종류를 설명하라.

4. 금융시장의 종류에 대해 설명하라.

5. 금융기관의 종류에 대해 설명하라.

Chapter 10 화폐의 수요와 공급

货币的需求与供给

- 본원통화 储备货币
- 신용창조과정, 신용승수 用创造过程 信用乘数
- 지급준비율 支付准备率
- 통화공급함수 通货供给函数
- 통화승수 通货乘数
- 공개시장조작정책, 재할인율정책, 지급준비율정책
- 화폐수량설 货币数量论
- 피셔의 교환방정식 费雪交换方程式
- 유동성선호설 流动性偏好论

10.1 화폐의 공급

货币的供给

화폐의 공급에서는 앞서 정의한 통화 M1, M2, M3 등이 어떤 경로를 통해 공급되는가를 분석한다. 통화의 공급은 중앙은행이 발권은행으로서 독점적으로 공급하는 본원통화와 이를 기초로 하여 만들어내는 예금을 통한 예금은행의 신용창조에 의해 이뤄진다.

(1) 본원통화의 공급(储备货币)

중앙은행의 창구를 통해 시중에 나온 현금을 본원통화(reserve base, 储备货币) 혹은 고성능화폐(high-powered money, 强力货币)라 한다. 본원통화라 부르는 이유는 신용창조과정을 거쳐 몇 배에 해당하는 예금통화를 창조하기 때문이다.

표 10 1 본원통화의 공급경로 : 중앙은행의 대차대조표에 의한 설명

차 변(자산)	대 변(부채)
• 대정부대출	• 정부예금
• 대예금은행대출	• 본원통화 ┌ 화폐발행액 └ 예금은행 지준예치금
• 해외자산	• 해외부채
• 기타자산	• 기타부채

표 10 2 중앙은행의 대차대조표를 다시 정리

차 변(자산)	대 변(부채)
• 純대정부대출	
• 대예금은행대출	• 본원통화 ┌ 화폐발행액 └ 예금은행 지준예치금
• 純해외자산	
• 純기타자산	

본원통화는 ① 순대정부대출, ② 대예금은행대출, ③ 순해외자산, ④ 순기타자산에 의해 결정된다.

그 이유는 ① 정부부문에서 재정적자 등에 의해 순대정부대출이 증가하게 되면 통화공급이 늘어난다. ② 예금은행부문에서는 예금은행들이 중앙은행으로부터 대출을 많이 받을수록 통화공급은 늘어난다. ③ 해외부문에서는 수출이 증가하거나 자본이 유입되어 순해외자산이 증가

하면 통화공급이 증가한다. 왜냐하면 중앙은행이 외환을 매입하면서 원화를 지불하기 때문에 시중에 원화의 공급이 늘어나기 때문이다. ④ 기타자산이란 중앙은행이 보유하고 있는 국공채 혹은 건물, 시설 등을 말하는데 중앙은행이 이를 매입하는 경우 기타자산 매입의 대가로 원화를 지불하기 때문에 통화공급이 증가하게 된다.

(2) 신용창조에 의한 통화공급(信用产生下的通货供给)

중앙은행에 의해 발행된 본원통화를 예금은행에 예치시 은행은 지불준비금(중앙은행이 예금자의 인출을 대비해 은행이 예금액중 일부를 보유토록 하는 금액)을 제외하고 대출할 수 있다. 그리고 이 대출자가 이 대출금을 일단 은행에 다시 예금한다면 그 은행은 예치금액에서 다시 지불준비금을 제한 금액을 대출해줄 수 있다. 이처럼 「예금 → 대출 → 예금 → 대출 …」 과정을 통해 예금통화의 창출이 연속적으로 가능해진다.

예 A라는 사람이 100만원을 예금은행에 예치

→ 은행은 법정지급준비율(10%를 가정)을 제하고 90만원[= 100만원 × 0.9]을 대출가능

→ 만일 대출받은 사람이 다시 다른 은행에 대출금 전액을 예금 시 이 예금은행은 이를 근거로 다시 81만원[= (100만원 × 0.9) × 0.9] 대출가능

→ 이상의 과정이 계속 반복 ……

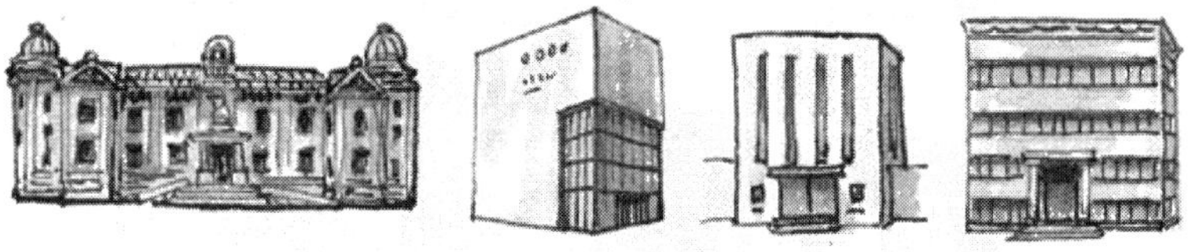

	한국은행	A은행	B은행	C은행	합계
화폐발행	100				100
예금		100	90	81.0 ……	1,000
지급준비금		10	9	8.1 ……	100
대출		90	81	72.9 ……	900

(단위 : 만원)

⇒ 위와 같은 연속적인 신용창출과정에 의해 늘어난 통화량을 계산해보면 다음과 같다.

1,000,000 + 1,000,000 × 0.9 + 1,000,000 × 0.92 + 100,000 × 0.93 ……

= 1,000,000 × (1 + 0.9 + 0.92 + 0.93 ……)

$$= 1{,}000{,}000 \times \frac{1}{1-0.9}$$

$$= 1{,}000{,}000 \times \frac{1}{0.1}$$

= 10,000,000

⇒ 이상의 총예금창조과정을 일반식으로 정리해보면 다음과 같다.

$$D^G = S \times \frac{1}{r_l} = \frac{S}{r_l} \qquad (10.1)$$

(S : 본원적 예금, r_l : 법정지불준비율)

이 식에서 $\frac{1}{r_l}$을 신용승수(credit multiplier, 信用乘数)라 한다.

10.2 통화공급함수
通货供给函数

앞서 본원통화(储备货币)에 의해 통화(현금과 예금통화)가 창출되는 과정을 살펴보았다. 여기서는 본원통화의 변동이 통화량(M1)에 어떻게 영향을 미치고 통화량의 크기가 어떤 요인들에 의해 결정되는지를 살펴본다. 이러한 본원통화의 통화의 관계를 통화공급함수(通货供给函数)라 한다.

$$M^S = M = mB \quad (10.2)$$

(m : 통화승수라 함)

통화공급함수의 내용을 세부적으로 분석해보면 다음과 같다. 통화량을 M, 본원통화를 B, 승수를 m이라 하면 $M = mB$ 관계가 성립한다. 한편 통화량은 현금통화(C)와 예금통화(M)의 합이므로 $M = C + D$ 혹은 $D = M - C$와 같다. 이때 통화량에서 차지하는 현금비중을 z(현금통화비율, 现金货币比率)라 하면 $z = C/M$로 나타낼 수 있고 이를 현금통화로 나타내면 $C = zM$와 같다. 이상을 정리하면 다음과 같다.

$$\begin{aligned} D &= M - C \\ &= M - zM \\ &= (1 - z)M \end{aligned} \quad (10.3)$$

다음, 본원통화(B)는 현금통화(C)와 지급준비금(R)을 합한 것이며 지급준비금(R)은 요구불예금(D)에 지급준비율을 곱한 것($R = rD$)과 같다. 따라서 이를 정리하면 다음과 같다.

$$
\begin{aligned}
B &= C + R \\
&= zM + rD \\
&= zM + r(1-z)M \\
&= [z + r(1-z)]M \qquad (10.4) \\
\Rightarrow M &= \frac{1}{z+r(1-z)}B = mB
\end{aligned}
$$

(즉 통화승수 $m = \frac{1}{z+r(1-z)}$)

위 식에서 통화공급은 본원통화, 법정지급준비율(法定支付准备率), 현금통화비율에 의해 결정됨을 알 수 있다. 그런데 현금통화비율은 경제 · 사회관습적으로 정해지는 것이므로 정책당국이 조절할 수 없다. 그러나 본원통화나 법정지급준비율은 통화당국이 조절 가능한 정책변수이므로 이를 통해 통화공급을 조절하게 된다.

10.3 금융정책의 의의와 정책수단
金融政策的意义与手段

(1) 금융정책의 파급경로(金融政策的波及效应)

금융정책이란 통화당국이 통화량이나 이자율을 조절하여 효율적인 자원배분, 공정한 소득분배, 완전고용, 물가안정, 국제수지 개선, 경제성장 등을 실현하고자 하는 경제정책을 말한다.

금융정책은 금융정책수단, 금융정책의 운영목표, 금융정책의 최종목표로 구성된다. 금융정책의 수단은 통화(금융)당국이 중간목표(通货政策的中间目标) 또는 운영목표인 통화량, 이자율, 환율을 조절하기 위해 사용하는 정책도구들을 말하는데, 여기에는 공개시장조작정책, 지급준비율정책, 재할인율, 외환시장개입, 직접규제 등이 있다. 금융정책의 운영목표는 통화당국이 쉽게 파악할 수 있고, 조정가능하며, 최종목표와 밀접한 관계를 가지는 경제변수를 설정하는

데 주로 통화량을 측정하는 통화지표, 이자율, 환율과 같은 금융지표가 사용된다. 금융정책의 최종목표(终极目标)는 금융정책을 통해 최종적으로 달성하고자 하는 목표를 말하는데 이는 크게 보면 물가안정, 완전고용, 경제성장을 이루는 것이다.

표 10 3 금융정책의 파급경로

금융정책수단		금융정책의 운영목표		금융정책의 최종목표
• 공개시장조작 • 재할인율 • 지급준비율정책	⇒	• 이자율 • 통화량	⇒	• 물가안정 • 완전고용 • 국제수지균형 • 경제성장

(2) 금융정책의 수단(金融政策的手段)

금융정책의 수단에는 공개시장조작정책, 지급준비율, 재할인율, 외환시장개입정책 등이 있다.

1) 공개시장조작정책(open-market operation policy, 公开市场买卖政策)

공개시장조작정책이란 통화당국(금융당국 또는 중앙은행)이 은행이나 금융시장을 대상으로 국채 등의 유가증권을 매매함으로써 통화량을 조절하는 수단이다. 그 동안 우리나라에서는 이를 본격적으로 활용하지 못 하였으나 1980년대 후반 이후 경상수지의 흑자 또는 외국자본의 유입 증가로 해외 부문을 통한 통화의 공급이 크게 늘어남에 따라 이를 흡수하기 위해 통화안정증권을 비롯한 통화조절용 채권을 많이 발행하는 등 보다 적극적으로 이런 형태의 관리방식을 활용하고 있다.

공개시장조작정책은 중앙은행이 공개시장에서 국채를 매입(매각)하면 시중의 통화량은 증가(감소)하고 이자율은 하락(상승)하게 된다.

2) 재할인율정책(再贴现率政策)

금융시장에서 할인(discount, 贴现)이란 아직 만기일이 남은 일정 금액의 증권(가령 어음)을 만기까지의 이자를 빼고 만기일 전에 거래하는 것을 말한다. 재할인(rediscount, 再贴现)이란 중앙은행이 일반은행이 이미 할인한 고객의 어음에 대해 이를 다시 할인하여 은행들에 자금을 대출해주는 것을 말한다. 따라서 재할인율을 인하하면 그만큼 은행들의 중앙은행으로부터의 자금비용이 싸지므로 보다 많은 자금을 받게 되어 시중의 통화량은 증가하게 된다. 반대로 재할인율을 인상하면 은행의 자금차입비용이 비싸지게 되므로 중앙은행으로부터 자금차입을 줄이게 되고 이에 시중의 통화량도 감소하게 된다.

3) 지급준비율정책(支付准备率政策)

지급준비제도는 당초 예금자를 보호하기 위해 예금액의 일부를 중앙은행에 예치하도록 한 제도이지만 오늘날에는 통화량을 조절하는 정책 수단으로도 유용하게 활용되고 있다. 왜냐하면 은행이 중앙은행에 예치하여야 할 지급준비금의 비율(지급준비율, cash reserve ratio, 支付准备率)을 변경하면 은행이 대출할 수 있는 자금의 양이 달라지므로 결국 통화량을 조절할 수 있기 때문이다. 중앙은행이 법정지급준비율을 인하(인상)하면 통화량은 증가(감소)하게 된다.

4) 직접규제 수단(直接限制手段)

중앙은행은 금융기관별 또는 자금종류별로 공급 한도를 정하여 이 범위 내에서만 시중에 돈이 풀려나가도록 은행의 대출을 통제하는 등 통화 공급량을 직접 조작할 수 있다. 이 방법은 통화조절의 효과가 강력하고 신속하다는 이점이 있으나 통화의 자연스러운 흐름을 방해하여 꼭 필요한 부문에 자금을 제때에 공급하지 못하게 되는 등 부작용(副作用)을 초래할 우려가 있다. 따라서 이러한 방식은 물가가 급히 오르는 경우와 같은 특수한 경제 사정 하에서 많이 사용된다.

이상과 같이 통화량을 조절하는 데는 직접 및 간접적인 수단이 있으며 두 개 이상의 수단을 함께 사용하는 경우도 많은데 구체적으로 어떤 방식을 택하는가 하는 문제는 나라마다 당시의 경제 상황에 따라 달라진다. 우리나라는 1980년대 초까지만 해도 통화량의 조절을 직접규제수단에 주로 의존해 왔었으나 최근에는 금리자유화 및 금융시장 개방 등에 따라 통화량 조절에 공개시장조작과 같은 간접조절수단을 주로 활용하고 있다.

10.4 화폐에 대한 수요
货币需求

앞에서 통화의 공급경로, 통화공급의 결정요인, 통화량과 이자율을 조절하기 위한 금융정책수단(金融政策手段) 등 통화의 공급측면을 분석하였다. 여기서는 사람들이 화폐(통화)를 왜 수요하고 얼마나 수요하게 되는지를 분석한다. 부동산과 같은 실물자산(实物资产)이나 주식이나 채권 같은 금융자산을 보유하는 경우에는 수익을 얻게 되지만 화폐는 수익성이 없는 금융자산(金融资产)이다. 그럼에도 불구하고 사람들이 화폐를 보유할려는 동기는 무엇이며 화폐수요의 크기는 어떻게 결정되는지를 살펴보자.

화폐수요의 주요 이론에는 고전학파의 화폐수량설(혹은 거래수량설), 케인즈의 유동성선호설, 프리드만의 신화폐수량설 등이 있다.

(1) 고전학파의 화폐수요이론 : 화폐수량설(货币数量论)

1) 피셔의 교환방정식(费雪交换方程式)

화폐수요(money demand, 货币需求)란 어떤 한 시점에서 사람들이 수중에 보유하고자 하는 화폐의 총량을 의미한다. 고전학파는 화폐수요를 교환방정식에 입각해서 체계적으로 설명하고 있다.

❖ 교환방정식 : 피셔에 의해 전개

$$MV \equiv PT \qquad (10.5)$$

(M: 통화량, P: 물가, T: 일정기간의 총거래량, V: 화폐의 거래유통속도)

피셔의 교환방정식(费雪交换方程式)에서 화폐의 거래유통속도(transaction velocity of money, 货币流通速度) V는 화폐 한 단위가 일정기간 동안 거래에 몇 번 사용되는가를 나타낸다. 예를 들면 화폐 한 단위가 1년에 10번 사용된다면 화폐의 유통속도(货币流通速度)는 10이 된다. 교환방정식의 좌변인 MV는 통화량에 통화 각 단위의 거래회전수를 곱한 것으로 일정기간의 총지출액이 된다. 우변인 PT는 총거래량(总交易量)에 물가를 곱한 것으로 총거래액을 나타낸다. 따라서 피셔의 교환방정식은 총지출액과 총거래액이 같다는 것을 나타내는 항등식(恒等式)이다.

교환방정식에서 총거래량 T는 최종생산물뿐만 아니라 중간생산물까지 포함한 개념이다. 이에 소득개념을 사용하여 중간생산물을 제외한 최종생산물만을 고려하여 다시 쓰면 다음과 같다.

❖ 일반적인 교환방정식

$$MV \equiv PY \qquad (10.6)$$

(Y: 실질국민소득, V: 소득유통속도(일정기간 최종생산물거래에 사용된 화폐의 회전수))

위의 일반적인 교환방정식을 변형하면 명목화폐수요(M)는 다음과 같이 나타낼 수 있다.

$$M = \frac{1}{V} \cdot P \cdot Y \qquad (10.7)$$

2) 화폐수량설(货币数量论)

고전학파의 주장에 따르면 교환방정식의 통화의 유통속도 V는 소득지불방법(주급, 일급, 월급 등)이나 금융기관의 발달정도, 사회적인 화폐사용관습 등에 의해 일정하다는 것이다. 또한 고전학파의 국민소득결정이론에서 배운 것처럼 실질국민소득은 완전고용 국민소득수준(Y_F)에서 일정하게 결정된다. 그러므로 고전학파의 화폐수량설에서 교환방정식은 다음과 같이 쓸 수 있다.

$$M\overline{V} = PY_F \Rightarrow P = \frac{\overline{V}}{Y_F}M \quad (10.8)$$

여기서 $\frac{\overline{V}}{Y_F}$는 일정하므로 결국 물가수준은 통화량에 의해서 결정된다는 것을 의미한다. 원래 교환방정식은 물가와 통화량의 관계를 설명하는 것이나 이를 변형하여 $M = \frac{1}{V}PY$와 같이 정리하면 결국 통화수요는 명목국민소득(PY)의 일정비율($\frac{1}{V}$)로 결정된다는 것이다.

피셔의 화폐수량설은 화폐의 기능중 교환의 매개수단으로서의 기능을 중시한 것으로 총거래량이나 명목국민소득이 증가하면 경제주체들이 교환의 매개수단인 화폐에 대한 보유가 늘어나 화폐수요가 비례적으로 증가한다는 것을 의미한다.

(2) 케인즈의 화폐수요이론 : 유동성선호설(流动性偏好论)

케인즈는 사람들이 유동성(liquidity, 流动性)을 확보하기 위하여 유동성이 가장 큰 화폐를 수요한다고 생각하였다. 유동성이란 일반적으로 어떤 자산이 그 가치의 손실 없이 얼마나 빠르게 교환의 매개수단으로 교환될 수 있는가의 정도를 나타낸다. 화폐는 그 자체가 교환의 매개체이므로 유동성이 100%라 할 수 있고 유동성의 크기에 따라 화폐 > 요구불예금 > 저축성예금 또는 주식 > 채권 > 부동산의 순으로 매길 수 있다. 케인즈는 통화수요 즉 유동성수요의 동기를 ① 거래적 동기, ② 예비적 동기, ③ 투기적 동기의 세 가지로 구분하고 있다.

1) 거래적 화폐수요(交易性货币需求)

가계와 기업은 수입과 지출사이의 시차를 메우고 일상거래를 원활히 하기 위해서 화폐를 보유하는데 이를 케인즈는 거래적 동기에 의한 화폐수요(currency demand for transaction, 交易性货币需求)로 보았다. 일반적으로 소득이 증가하면 거래규모도 증가되므로 거래적 화폐수요도 늘어나게 된다. 즉 소득이 증가(감소)하면 거래적 화폐수요도 증가(감소)한다는 것이다.

2) 예비적 화폐수요(储备性货币需求)

가계와 기업은 장래에 돌발적인 지출에 대비하여 화폐를 예비적으로 보유하게 되는데 케인즈는 이를 예비적 동기에 의한 화폐수요(precautionary money demand, 储备性货币需求)라고 한다. 소득이 증가하게 되면 뜻하지 않은 지출도 많게 되므로 예비적 화폐수요 또한 늘어나게 된다. 즉 소득이 증가(감소)하면 거래적 화폐수요도 증가(감소)한다는 것이다.

3) 투기적 화폐수요(投机性货币需求)

투기적 동기에 의한 화폐수요(speculative money demand, 投机性货币需求)란 장래에 수익성증권(채권, 주식)에 투자하기 위해 보유하고 있는 화폐를 말한다. 케인즈는 사람들에게는 정상이자율 즉 시장의 정상적인 수준의 이자율이 존재하고 있다고 보았다. 만일 이자율이 정상이자율 수준을 초과하여 상승하게 되면 사람들은 다시 정상이자율 수준으로 돌아가게 될 것을 예상한다는 것이다. 이처럼 앞으로 이자율이 하락할 것으로 예상되면 이자율과 주식가격은 역의 관계에 있음으로 주가가 앞으로 상승할 것을 의미하게 되므로 사람들은 현재 보유하고 있는 화폐를 줄여 주식(증권)을 보유할려고 할 것이다. 즉 이자율상승은 화폐수요의 감소를 가져오게 된다. 반대로 이자율이 정상이자율 수준이상으로 하락하면 이자율이 다시 상승할 것이라고 예상하게 되고, 이에 주식가격은 떨어질 것으로 예상하여 주식을 매각하고 대신 화폐 보유를 늘린다는 것이다. 따라서 투기적 동기에 화폐수요는 이자율의 감소함수로 나타난다.

❖ 투기적 화폐수요

① (정상이자율 수준이상) 이자율 상승 → 이자율 하락 예상 → 주식가격 상승 예상 → 화폐보유 감소 → 주식 매입 증가

② (정상이자율 수준이상) 이자율 하락 → 이자율 상승 예상 → 주식가격 하락 예상 → 주식매각 증가 → 화폐보유 증가

이상의 세 가지 화폐보유동기에 의한 화폐수요를 정리하면 다음과 같다.

$$M^D = P \cdot L(Y, r) \text{ 또는 } \frac{M^D}{P} = L(\underset{\oplus}{Y}, \underset{\ominus}{r}) = k \cdot Y + L(r) \tag{10.9}$$

10.5 케인즈학파의 이자율 결정
凯恩斯学派的利率决定

(1) 케인즈 화폐수요곡선(凯恩斯的货币需求曲线)

케인즈학파는 화폐수요가 거래적 동기와 예비적 동기에 의해서 소득의 증가함수이며 투기적 동기에 의해서 이자율의 감소함수라고 주장한다. 이를 그림으로 나타내보면 다음과 같다. 케인즈 화폐수요곡선은 kPY(거래적 · 예비적 수요)와 투기적 수요($L(r)$)의 합이고 우하향하는 이자율의 감소함수로 나타난다.

그림10 1 케인즈의 화폐수요함수

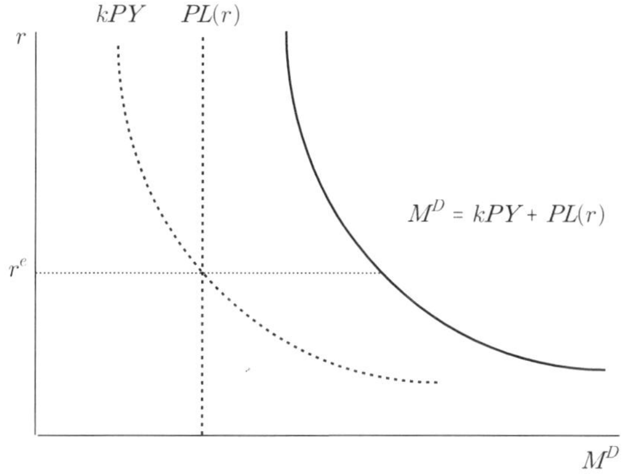

(2) 케인즈 화폐시장균형의 달성(凯恩斯货币市场均衡)

화폐공급은 앞서 살펴본 바와 같이 통화당국이 금융정책수단(공개시장조작정책, 지급준비율정책, 재할인율정책 등)을 통하여 조절이 가능하므로 외생적으로 결정이 가능한 정책변수이다. 따라서 통화당국이 의도하는 어떤 수준($\overline{M}$)에서 이자율과 관계없이 결정될 수 있으므로 수직선으로 나타낼 수 있다.

따라서 화폐시장의 균형은 <그림 10-2>에서 화폐수요곡선과 공급곡선이 만나는 점에서 달성된다.

그림10 2 케인즈의 화폐시장의 균형

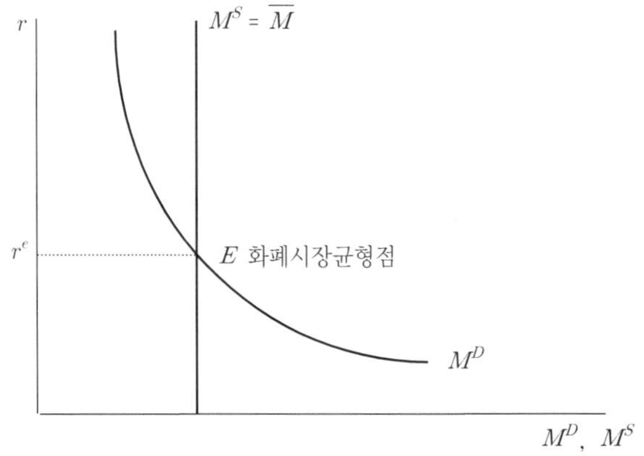

만일 화폐시장이 균형상태에 있을 때 화폐공급이 늘어나는 경우에 화폐시장에 어떤 변화가 발생하는지를 살펴보자. 화폐공급이 $\overline{M}$에서 $\overline{M}+\Delta M$만큼 증가하게 되면 <그림 10-3>에서와 같이 화폐공급곡선은 ΔM만큼 우측이동하게 된다. 따라서 새로운 화폐시장의 균형은 E'점에서 성립하고 균형이자율은 하락함을 알 수 있다. 결과적으로 화폐공급이 증가하게 되면 실질이자율은 하락(상승)하게 된다.

그림10 3 케인즈의 화폐시장의 균형의 이동

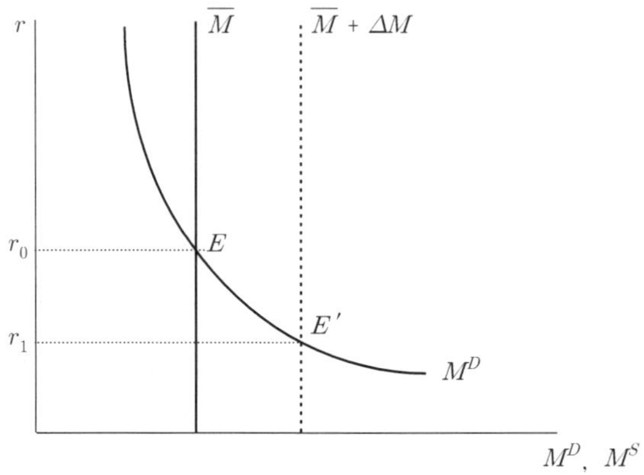

좀더알아보기

현재가치와 미래가치

이자율(금리)에 대한 이해의 폭을 넓히고 이를 일상생활에서 응용할 수 있도록 현재가치(present value)와 미래가치(future value)에 대해 좀 더 알아보자.

누군가가 여러분에게 10만 원을 주는데 그 시기를 오늘 또는 10년 후로 한다면 여러분은 어떤 쪽을 선택하겠는가? 당연히 오늘 10만 원을 선택할 것이다. 왜냐하면 오늘 10만 원을 받아 은행에 예금하면 10년 후에는 원금 10만 원에 이자가 불어나 10만 원 이상이 되기 때문이다. 이처럼 동일한 금액이라면 현재 금액의 가치가 미래에 비해 더 높기 때문이다. 이제 누군가가 여러분에게 오늘 10만 원을 주거나 10년 후에 20만 원을 주는 것을 제시한다면 여러분은 어떤 쪽을 선택하겠는가? 상당히 고민해야만 해답을 구할 수 있는 문제이다. 현재의 10만 원과 미래의 20만 원을 비교하는 방법이 필요하다. 이를 위해 사람들은 현재가치와 미래가치 개념을 이용한다. 즉 현재의 이자율을 적용하여 현재 금액의 미래가치를 계산하거나 미래에 그 금액을 얻기 위해 지금 얼마가 필요한가, 즉 미래금액의 현재가치를 계산하여 견주어 보면 된다. 이를 다음의 사례로 설명할 수 있다.

문제 : 오늘 은행에 10만 원을 예금하면 10년 후에 얼마가 될까? 즉 현재 10만 원의 10년 후 미래가치는 얼마일까?

답 : 이자율이 5%이고, 이자는 매년 지급되고, 그 이자가 복리방식이 지급된다면 1년 후에는 원금과 이자가 $(1 + 0.05) \times$ 10만 원이 되고, 2년 후에는 $(1 + 0.05) \times (1 + 0.05) \times$ 10만 원, 10년 후에는 $(1 + 0.05)^{10} \times$ 10만 원이 될 것이다. 즉 $(1+0.05)^{10} \times$ 10만 원 = 16만 3,000원

문제 : 반대로 10년 후 20만 원을 받는다면 이 금액의 현재가치는 얼마일까? 다시 말해 10년 후에 20만 원을 받기위해 오늘 현재 얼마를 예금하여야 할까?

답 : 이 문제는 앞의 문제를 뒤집어 생각하면 된다. 앞에서 미래가치를 구하기 위해 현재금액에 $(1 + 0.05)^{10}$을 곱하였다. 반대로 미래 금액의 현재가치를 구하기 위해서는 미래금액을 $(1 + 0.05)^{10}$으로 나누면 된다. 즉, 10년 후에 받을 20만 원의 현재가치는 20만 원 $\div (1 + 0.05)^{10}$이 된다. 즉 20만 원 $\div (1 + 0.05)^{10}$ = 12만 3,000원이다. 다시 정리해 보면 이자율이 r이라면 n년 후에 받을 X금액의 현재가치는 $X \div (1 + r)^n$이 된다.

오늘 받는 10만 원과 10년 후에 받을 20만 원 중 어떤 쪽을 선택해야 할지 해답을 구할 수 있는 방법을 이제 분명히 알게 되었다. 이자율이 5%일 때 10년 후에 받을 20만 원의 현재가치는 12만 3,000원으로 10만 원보다 많다. 따라서 10년을 기다려서 20만 원을 받는 것이 당장 10만 원을 받는 것보다 유리하다. 이 경우는 이자율이 5%일 때라고 가정하고 계산한 것이고 만일 이자율이 8%라고 하면 10년 후에 받게 될 20만 원의 현재가치는 20만 원 $\div (1.08)^{10}$ = 9만 3,000원이므로 당장 10만 원을 받는 것이 유리하다. 이자율이 높으면 같은 금액을 예금할 경우 원리금이 더 많아져 당장 손에 쥔 10만 원의 이득이 더 커지기 때문이다. 이러한 현재가치의 개념은 기업이 투자계획을 수립할 때 등에도 응용할 수 있다. 예를 들어 A기업이 공장을 새로 짓는데 당장 1조 원이 들고 공장에서 10년 후에 2조 원의 수입을 얻을 수 있다면 이 공장을 건설해야 할까? 이 의사결정

을 위해서는 현재의 비용 1조 원을 미래의 수입 2조 원과 비교해야 할 것이다. 앞에서 살펴보았듯이 이 기업의 의사결정은 이자율에 의해 좌우될 것이다. 만일 이자율이 5%라면 10년 후 수익 2조 원의 현재가치는 약 1조 2,000억 원이므로 공장을 짓는 편이 이익이다. 반면에 이자율이 8%라면 2조 원의 현재가치는 9, 300억 원이므로 투자를 포기하는 편이 유리할 것이다.

자료 : 맨큐, 김경환역, '맨큐의경제학'

좀더알아보기

시장금리로 알 수 있는 정보

아래 표는 금융시장에서 형성되는 주요 시장금리(수익률)를 나열한 것이다. 우리 생활과 밀접한 관련이 있는 국고채수익률, 회사채수익률, CD수익률 등은 신문에도 매일 게재되고 있어 손쉽게 접할 수 있는 금리 지표입니다. 우리는 이러한 시장금리 지표를 통해 다음과 같은 다양한 정보를 파악할 수 있습니다.

- **만기와 수익률** : 국고채 수익률을 보면 만기가 길수록 수익률은 높아지고 있습니다. 만기가 길수록 돈을 돌려받을 때까지 오래 기다려야 하므로 위험이 더 커지게 됩니다. 이러한 위험을 보상하기 위해 다른 조건이 동일하다면 만기가 길수록 수익률은 높아지는 것이 일반적입니다.
- **신용위험과 수익률** : 만기가 3년으로 동일하더라도 수익률은 국고채, 회사채(AA-), 회사채(BBB-)의 순으로 높아지고 있습니다. 금융상품을 사려는 사람은 금융상품 발행자가 돈을 갚지 못할 가능성이 높다고 판단하면, 즉 발행자의 신용등급이 낮으면 이러한 위험을 보상받기 위해 더 높은 수익률을 요구하기 때문입니다. 만기가 동일한 데도 신용의 차이로 생기는 수익률의 격차를 위험할증률(risk premium)이라고 합니다. 정부가 발행하는 국고채는 돈을 갚지 않을 가능성이 전혀 없는 무위험 자산이므로 국고채수익률은 다른 상품의 위험할증률을 계산할 때 기준이 됩니다. 이와 같이 신용위험(credit risk) 또는 채무불이행위험(default risk)은 금융상품의 가격, 즉 수익률을 결정하는 중요한 요소입니다. 만기가 91일로 동일한 CD수익률이 CP수익률보다 낮은 것도 신용위험으로 설명할 수 있습니다. CD는 은행이 발행하는 금융상품이어서 일반기업이 발행한 CP보다 신용위험이 낮다고 금융시장에서 보고 있다는 뜻입니다.
- **기준금리 변경** : 한국은행 기준금리는 금융통화위원회에서 결정하는데 2008년 8월 5.25%로 가장 높았으나 그 해에 국제금융위기가 발생하여 기준금리를 2009년 2월에 2%까지 급격히 낮추었다. 이 후 경제상황에 따라 기준금리를 인상 또는 인하를 해오다가 2019년에 코로나19가 발생하고 이로 인한 경제충격을 완화하기 위한 통화공급 확대정책에 따라 2020년 5월에는 유례없는 수준인 0.50%까지 낮추게 되었다. 하지만 2021년부터 인플레이션 우려가 확산하고 미국의 테이퍼링(양적완화 축소정책)이 시작됨에 따라 한국은행은 기준금리를 선제적으로 인상하기 시작하여 2021년에만 8월(1.00%)과 11월(1.25%) 2차례 인상하였고 2022년 1월(1.50%)에 또다시 기준금리를 인상하였다. 이처럼 한은의 기준금리가 변동되면 그에 따라서 콜금리 등 단기 시장금리 지표가 정도의 차이는 있지만 시차를 두고 연쇄적으로 변화하게 된다.

좀더알아보기

우리나라 금융시장의 주요 금리 추이

(단위 : %)

	2006	2010	2015	2016	2017	2018	2019	2020
기준금리	4.25	2.25	1.50	1.25	1.50	1.75	1.25	0.75
정기예금	4.36	3.18	1.72	1.47	1.51	1.84	1.74	1.04
가계대출	5.80	5.38	3.22	3.14	3.46	3.68	3.24	2.80
콜금리	4.19	2.16	1.65	1.34	1.26	1.52	1.59	0.70
CD(91일)	4.48	2.67	1.76	1.49	1.44	1.68	1.69	0.92
회사채수익률	5.17	4.66	2.08	1.88	2.32	2.35	2.02	2.12
국채수익률	4.83	3.72	1.79	1.44	1.80	2.09	1.52	0.98

자료 : 한국은행

좀더알아보기

코픽스(COFIX)의 개념 및 종류

코픽스(COFIX : Cost of Funds Index)란 각 은행의 자금조달비용을 반영하여 산출되는 새로운 주택담보대출 기준금리로서 2010년 2월부터 도입되었다. 코픽스는 전국은행연합회에서 국내 8개 은행이 제공한 자금조달 관련 기초 자료를 이용하여 산출한 자금조달비용지수를 말한다.(대상은행 : KB국민은행, 신한은행, 우리은행, KEB하나은행, SC제일은행, 한국씨티은행, 농협은행, 중소기업은행)

코픽스에는 3가지 종류가 있는데, 월 말 현재 조달자금 잔액에 적용된 금리의 가중평균인 '잔액기준 코픽스'와 월 중 신규로 조달한 자금에 적용된 금리의 가중평균인 '신규취급액기준 코픽스'가 있고 단기 코픽스는 은행이 주간 신규로 조달한 지수 산출대상 금융상품에 적용한금리를 금액으로 가중평균한 금리지수이다. 코픽스 산출 대상이 되는 자금조달 상품에는 정기예금과 정기적금, 상호부금, 주택부금, 양도성예금증서, 환매조건부채권매도, 표지어음매출, 금융채(후순위채 및 전환사채 제외) 등이 있으며, 요구불예금은 코픽스 산출 대상에서 제외된다. 은행연합회는 각 은행의 자금조달 총액과 조달자금에 적용된 금리 정보를 모아서 월 말 잔액기준과 월 중 신규취급액기준의 코픽스를 산출하여 매달 15일 홈페이지에 공시한다.

Chapter 10 Summary

1. 본원통화는 ① 순대정부대출, ② 대예금은행대출, ③ 순해외자산, ④ 순기타자산에 의해 결정된다.

2. 신용창조에 의한 통화공급

- 중앙은행에 의해 발행된 본원통화를 예금은행에 예치시 은행은 지불준비금을 제외하고 대출할 수 있다. 그리고 이 대출자가 이 대출금을 일단 은행에 다시 예금한다면 그 은행은 예치금액에서 다시 지불준비금을 제한 금액을 대출해줄 수 있다. 이처럼 「예금 → 대출 → 예금 → 대출 …」 과정을 통해 예금통화의 창출이 연속적으로 가능해진다. 이 같은 총
- 예금창조과정을 일반식으로 정리해보면 다음과 같다.

$$D^G = S \times \frac{1}{r_l} = \frac{S}{r_l}$$

(S : 본원적 예금, r_l : 법정지불준비율)

이 식에서 $\frac{1}{r_l}$을 신용승수(credit multiplier)라 한다.

3. 통화공급함수

$$M^s = M = mB$$

(m : 통화승수라함)

$$\Rightarrow M = \frac{1}{z + r(1-z)} B = mB$$

(즉 통화승수 $m = \frac{1}{z + r(1-z)}$)

위 식에서 통화공급은 본원통화, 법정지급준비율, 현금통화비율에 의해 결정됨을 알 수 있다. 그런데 현금통화비율은 경제 · 사회관습적으로 정해지는 것이므로 정책당국이 조절할 수 없다. 그러나 본원통화나 법정지급준비율은 통화당국이 조절 가능한 정책변수이므로 이를 통해 통화공급을 조절하게 된다.

4. 금융정책의 파급경로 : 금융정책수단, 금융정책의 운영목표, 금융정책의 최종목표로 구성된다.

① 금융정책의 수단 : 통화(금융)당국이 중간목표 또는 운영목표인 통화량, 이자율, 환율을 조절하기 위해 사용하는 정책도구들을 말하는데, 여기에는 공개시장조작정책, 지급준비율정책, 재할인율, 외환시장개입, 직접규제 등이 있다.

② 금융정책의 운영목표 : 통화당국이 쉽게 파악할 수 있고, 조정가능하며, 최종목표와 밀접한 관계를 가지는 경제변수를 설정하는데 주로 통화량을 측정하는 통화지표, 이자율, 환율과 같은 금융지표가 사용된다.

③ 금융정책의 최종목표 : 금융정책을 통해 최종적으로 달성하고자 하는 목표를 말하는데 이는 크게 보면 물가안정, 완전고용, 경제성장을 이루는 것이다.

5. 공개시장조작정책

통화당국(금융당국 또는 중앙은행)이 은행이나 금융시장을 대상으로 국채 등의 유가증권을 매매 함으로써 통화량을 조절하는 수단이다.

① 중앙은행이 공개시장에서 국채를 매입 → 중앙은행의 매입자금 지불 → 시중의 통화량 증가 → 이자율 하락

② 중앙은행이 공개시장에서 국채를 매각 → 매각자금 환수 → 시중의 통화량 감소 → 이자율은 상승

6. 재할인율정책

재할인(rediscount)이란 중앙은행이 일반은행이 이미 할인한 고객의 어음에 대해 이를 다시 할인하여 은행들에 자금을 대출해주는 것을 말한다.

① 재할인율 인하 → 은행의 자금조달비용 감소 → 중앙은행으로부터의 대출증가 → 은행의 대출자금여력 증가 → 대출증가 → 시중 통화공급 증가

② 재할인율 인상 → 은행의 자금조달비용 증가 → 중앙은행으로부터의 대출감소 → 은행의 대출자금여력 감소 → 대출감소 → 시중 통화공급 감소

7. 지급준비율정책

중앙은행이 지급준비율을 변경하면 중앙은행에 예치하여야 할 은행들의 지급준비금에 영향을 미치게 되고, 결국 은행의 대출자금량에 영향을 미쳐 시중의 통화량을 조절할 수 있다.

① 중앙은행의 법정지급준비율 인하 → 은행의 법정지급준비금 감소 → 은행의 대출자금 증가 → 대출증가 → 통화공급 증가

② 중앙은행의 법정지급준비율 인상 → 은행의 법정지급준비금 증가 → 은행의 대출자금 감소 → 대출감소 → 통화공급 감소

8. 직접규제 수단

중앙은행이 금융기관별 또는 자금종류별로 공급 한도를 정하여 이 범위 내에서만 시중에 돈이 풀려나가도록 은행의 대출을 통제하는 등 통화 공급량을 직접 조작하는 것을 말한다. 이 방법은 통화조절의 효과가 강력하고 신속하다는 이점이 있으나 통화의 자연스러운 흐름을 방해하여 꼭 필요한 부문에 자금을 제때에 공급하지 못하게 되는 등 부작용을 초래할 우려가 있다. 따라서 이러한 방식은 물가가 급히 오르는 경우와 같은 특수한 경제 사정 하에서 많이 사용된다.

9. 교환방정식

① 피셔의 교환방정식

$$MV \equiv PT$$

(M : 통화량, P : 물가, T : 일정기간의 총거래량, V : 화폐의 거래유통속도)

② 일반적인 교환방정식

$$MV \equiv PT$$

(Y : 실질국민소득, V : 소득유통속도(일정기간 최종생산물거래에 사용된 화폐의 회전수))

10. 피셔의 화폐수량설

화폐의 기능 중 교환의 매개수단으로서의 기능을 중시한 것으로 총거래량이나 명목국민소득이 증가하면 경제주체들이 교환의 매개수단인 화폐에 대한 보유가 늘어나 화폐수요가 비례적으로 증가한다는 것을 의미한다.

11. 케인즈의 화폐수요함수

화폐수요 동기를 ① 거래적 동기, ② 예비적 동기, ③ 투기적 동기의 세 가지로 구분한다. 거래적 동기 · 예비적 동기는 소득의 증가함수이며 투기적 동기는 이자율의 감소함수이다.

$$M^D = P \cdot L(\underset{\oplus}{Y},\ \underset{\ominus}{r}) \text{ 또는 } \frac{M^D}{P} = L(Y, r) = k \cdot Y + L(r)$$

Chapter 10 Example of Exam.

1. 신용창조에 의한 통화공급과정을 설명하라.

2. 통화공급함수를 유도하고 통화승수의 의미를 설명하라.

3. 금융정책의 파급경로를 설명하라.

4. 금융정책수단(공개시장조작정책, 재할인율정책, 지급준비율정책)을 설명하라.

5. 고전학파의 화폐수요이론을 설명하라.

6. 케인즈의 유동성선호이론(화폐수요이론)을 설명하라.

7. 케인즈의 화폐수요이론을 통해 화폐시장균형을 설명하라.

거시경제학
Macroeconomics

Part 6

경제안정 : 인플레이션과 실업

Chapter 11 경제안정정책

经济稳定政策

- 경제안정정책 经济稳定政策
- 재정정책 财政政策
- 구축효과 挤出效应
- 통화정책 货币政策
- 통화공급의 전달경로 币政策的传播渠道

11.1 경제안정정책의 의의

经济稳定政策的意义

경제의 가장 바람직한 상태는 물가안정과 고용안정이 달성되어 인플레이션이나 실업이 발생하지 않는 상황일 것이다. 그러나 경제가 이 같은 바람직한 상황에 머무는 경우는 매우 드물다. 물론 경제가 불균형상태 즉 실업이나 인플레이션 상황에 있더라도 경제는 앞서 배운 바대로 다시 균형상태로 복귀할려는 자동조정메카니즘(自动调节机制)이 작동하고 있다. 그러나 경제가 자동조정과정을 통해 바람직한 상황으로 돌아가는데 얼마나 시간이 걸릴지도, 또 그 과정에서 경제가 치러야 되는 비용이 얼마나 될지도 불확실하다. 따라서 정부는 경제가 너무 불안정한 상태에 있다고 판단될 때 여러 정책수단을 동원하여 경제를 빨리 균형상태로 복귀시켜 경제를 안정시키고자 한다. 이처럼 경제를 안정시키기 위해서 정부가 동원하는 정책을 경제안정정책(economic stabilization policy, 经济稳定政策)이라 한다.

경제가 불균형상태에 있는 경우는 케인즈의 주장대로 총수요측면의 문제가 있어서 총수요부족으로 생산활동이 위축되고 고용이 감소되어 실업이 발생하는 상황도 있을 수 있고, 반대로 총수요가 지나치게 커서 생산이 이를 따라가지 못해 경제의 초과수요가 발생하여 인플레이션이 발생하는 경우도 있을 것이다. 혹은 총공급에 문제가 있어 경제의 불균형이 발생할 수도 있다.

경제안정정책이란 주로 수요측면에서 발생한 경제불균형(经济失衡) 문제를 해결하기 위해 수요를 적절한 수준으로 조정하는 정책을 말한다. 공급측면을 통한 경제안정정책은 현실적으로 수행하기가 힘들다. 그 이유는 경제의 공급측면이 경제의 부존자원이나 노동생산성과 같은 요인에 의해서 결정되기 때문에 정부의 정책에 의해 이를 변화시키기란 매우 힘들기 때문이다.

정부는 경제의 총수요가 부족하여 실업이 발생한다면 총수요를 늘려주거나, 반대로 총수요가 넘쳐서 초과수요가 발생하고 인플레이션압력이 존재하는 경우에는 총수요를 줄여서 경제의 안정을 도모할 것이다. 정부가 이처럼 총수요를 조절하기 위해서 사용하는 정책수단으로는 통화정책과 재정정책이 있다.

재정정책(财政政策)은 정부지출 또는 조세를 변화시켜 총수요를 조절하는 것을 말한다. 정부가 정부지출을 늘리거나 세금을 줄이는 경우 총수요는 증가한다. 반대로 정부지출을 줄이거나 세금을 늘리게 되면 총수요는 감소하게 된다.

통화정책(货币政策)은 통화공급량 또는 이자율을 조절하여 총수요를 관리하는 정책을 말한다. 통화공급을 늘리게 되면 이자율은 하락하고 이자율의 하락은 투자수요의 증가를 가져와 총수요를 증가시킨다. 반대로 통화공급의 감소는 이자율의 상승을 가져와 투자감소를 유발시켜 총수요를 줄이게 된다.

11.2 재정정책
財政政策

(1) 재정정책의 효과(财政政策的效果)

경제가 총수요가 부족하여 실업이 발생하는 상태에 있는 상태를 가정하자. 이런 상황에서 정부는 정부지출을 늘려 수요를 진작시키려 할 것이다. 그리고 이때 정부지출의 재원을 국채를 발행하여 마련한다고 가정해보자.

1) 생산물시장에 미치는 영향(对商品市场的影响)

정부지출이 늘어나게 되면 총수요곡선은 <그림 11-1>의 AD_0에서 AD_1으로 오른쪽으로 이동하게 된다. 그런데 총수요곡선의 이동은 물가의 상승을 가져와 물가수준이 P_0에서 P_1으로 상승하고 국민소득수준은 Y_0에서 Y_1으로 늘어나게 된다.

그림11　1　정부지출증가가 생산물시장에 미치는 영향

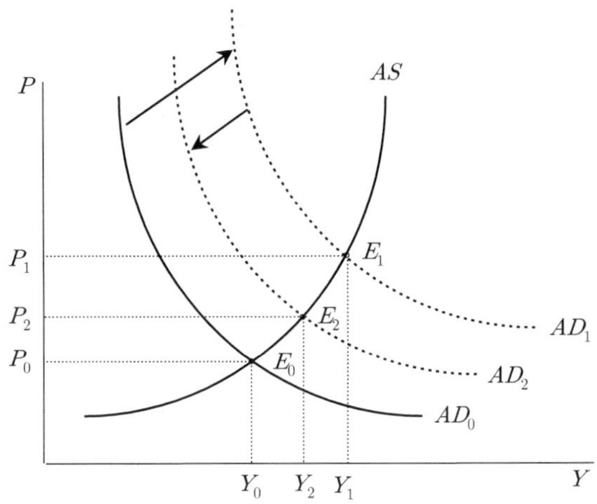

그러나 정부지출의 증가는 생산물시장(상품시장) 뿐만 아니라 화폐시장에도 영향을 미치게 된다. 즉 정부지출증가로 생산물시장에서 물가와 소득이 상승하게 되면 화폐시장에서 이자율의 변화를 가져오게 되고 이는 다시 투자수요에 영향을 미쳐 다시 생산물시장에 영향을 주게 된다. 따라서 정부지출을 변화에 의한 경제의 변화를 파악하기 위해서는 생산물시장과 화폐시장을 동시에 고려하여야 한다.

2) 화폐시장에 미치는 영향(对货币市场的影响)

정부지출이 화폐지출에 미치는 영향을 살펴보면 다음과 같다. 정부지출의 증가로 물가와 소득이 상승하게 되고 화폐시장에서 거래적동기와 예비적동기에 의한 화폐수요가 증가하게 된다. 따라서 <그림 11-2>에서와 같이 화폐수요가 늘어나 M_0^D에서 M_1^D으로 우측이동으로 이동한다. 그 결과 화폐시장에서 균형이자율은 상승하게 된다.

그림11 2 케인즈의 화폐시장의 균형

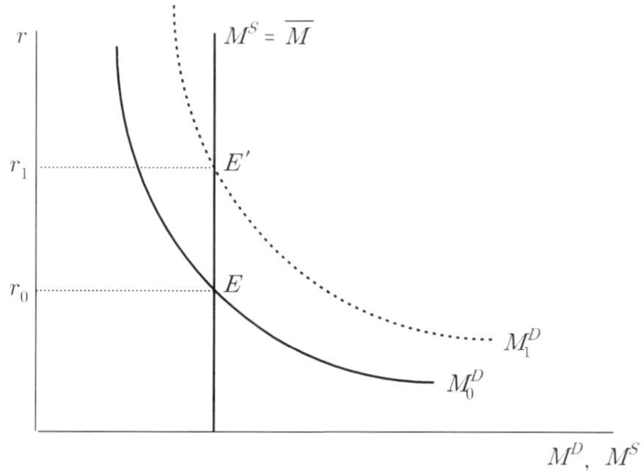

3) 최종적인 영향(最終影响)

화폐시장에서 이자율의 상승은 기업의 투자수요를 감소시키고 투자수요의 감소는 총수요의 감소를 가져온다. 이에 <그림 11-1>에서 정부지출증가로 우측이동했던 총수요곡선이 다시 감소하게 됨으로 AD_1에서 AD_2로 좌측이동하게 된다. 이에 경제의 균형은 $E_0 \rightarrow E_1 \rightarrow E_2$로 이동하게 되고 최종적인 균형은 E_2에서 성립하여 균형물가수준과 균형국민소득수준은 각각 P_2와 Y_2 수준으로 결정된다. 이상에서 살펴본 바와 같이 정부지출의 증가와 같은 확대재정정책은 물가와 국민소득의 상승을 가져오는 것을 알 수 있다.

그림11 3 재정정책의 효과

경기 과열	➡	재정지출 축소 • 세율 인상 (긴축 재정정책)	➡	가계의 가처분소득 감소 투자의 기대수익 감소	➡	총수요 감 소	➡	경기 진정
경기 침체	➡	재정지출 확대 • 세율 인하 (확장 재정정책)	➡	가계의 가처분소득 증가 투자의 기대수익 증가	➡	총수요 증 가	➡	경기 회복

(2) 구축효과(挤出效应)

앞에서는 정부가 정부지출을 늘리기 위해서는 자금이 필요하게 되고 이때 그 자금을 정부가 국채발행을 통해서 조달하는 경우를 예로 들었다. 이처럼 정부가 국채를 발행하여 정부지출을 늘리는 경우에 정부지출에 의한 총수요증가가 민간의 투자지출 감소를 일부 상쇄되는 결과를 가져온다. 이처럼 정부지출의 증가가 민간의 투자를 구축시키는 즉 내쫓는 효과를 "정부지출의 구축효과(crowding-out effect, 挤出效应)라고 한다.

11.3 통화정책 货币政策

(1) 통화정책의 전달경로(货币政策的传播渠道)

경제가 불황이어서 수요가 부족하고 실업이 존재하는 상황에서 정부가 화폐공급을 늘리게 되면 경제에 어떤 영향을 주게 되는지를 살펴보자. <그림 11-4>에서 화폐시장은 최초에 화폐수요곡선 M_0^D와 M_0^S가 만나는 E_0점에서 균형을 이루고 있다고 가정하자. 만일 정부가 확대통화정책을 시행하여 화폐공급량을 늘린다면 화폐시장에는 어떤 변화가 나타날까? 화폐공급의 증가는 화폐공급곡선을 우측으로 이동시켜 M_0^S에서 M_1^S으로 이동한다. 이에 화폐시장의 균형은 화폐수요곡선 M_0^D과 새로운 화폐공급곡선 M_1^S이 만나는 E_1에서 성립한다. 그 결과 균형이자율은 r_0에서 r_1으로 하락하게 된다.

그림11 4 통화공급 증가가 화폐시장에 미치는 영향

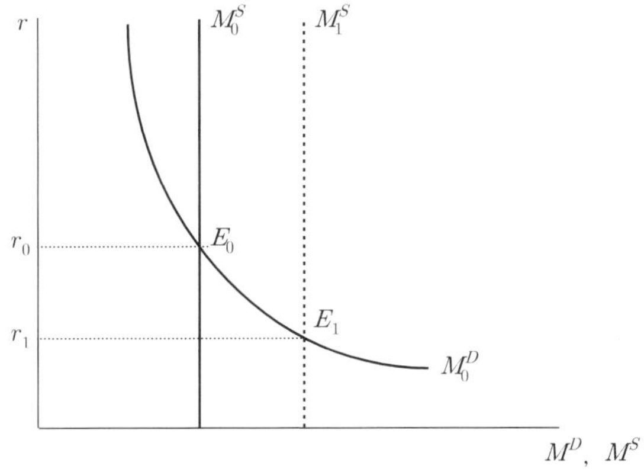

이자율의 하락은 기업의 투자지출을 늘리고 투자지출의 증가는 총수요를 증가시킨다. 그 결과 <그림 11-5>에서처럼 총수요곡선이 우측으로 이동하여 AD_0에서 AD_1으로 되고 경제는 E_1점에서 새로운 균형을 이룬다.

그림11 5 통화공급 증가가 생산물시장에 미치는 영향

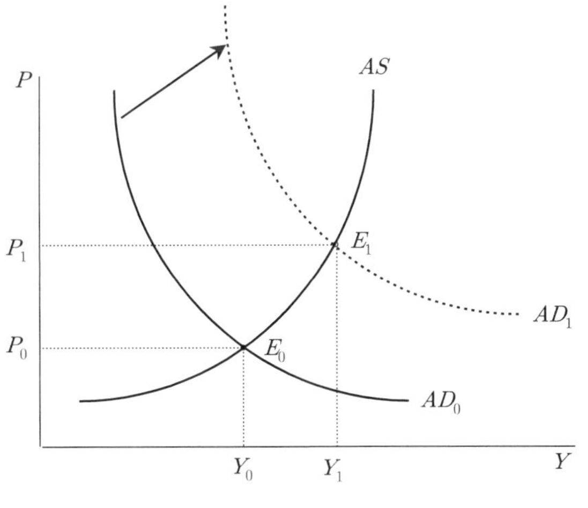

새로운 균형점에서 경제는 종전과 비교하여 국민소득이 Y_0에서 Y_1으로 늘어나고 물가도 P_0에서 P_1으로 상승한다. 즉 화폐공급의 증가로 총수요가 늘어나고 균형국민소득도 늘어나게 된다. 이와 같은 과정을 통화정책의 전달경로(transmission mechanism, 货币政策的传播渠道)

라고 한다.

❖ 통화공급의 전달경로

① 화폐공급의 증가 → 이자율 하락 → 투자증가 → 승수효과 → 총수요 증가 → 국민소득 증가
② 화폐공급의 감소 → 이자율 상승 → 투자감소 → 승수효과 → 총수요 감소 → 국민소득 감소

11.4 재정정책과 통화정책의 상대적 효과성
财政政策和货币政策效果的比较

정부는 실업이나 인플레이션 문제를 해결하기 위해 재정정책이나 통화정책을 사용할 수 있다는 것을 앞에서 배웠다. 그렇다면 두 정책 중 어떤 정책이 보다 효과적인가 하는 의문이 생긴다. 재정정책과 통화정책의 효과성을 놓고 케인즈학파와 통화주의학파간에 각기 다른 주장이 제기된다. 케인즈학파는 재정정책이 보다 효과적이라고 주장하는 반면, 통화주의학파는 통화정책이 보다 효과적이라고 주장한다. 재정정책과 통화정책에 관한 두학파의 견해차는 통화정책의 전달경로와 정책시차에 관한 견해차로 나타난다.

(1) 통화정책의 전달경로에 대한 두학파의 견해(两个学派对货币政策传播渠道的见解)

1) 케인즈학파의 견해(凯恩斯学派的见解)

케인즈학파는 통화정책의 전달경로가 너무 길고 불확실해서 신뢰할 수 없다고 주장한다. 케인즈학파는 경기가 침체되었을 때 화폐공급량을 늘리더라도 이자율이 떨어지기 힘들고 이자가 하락한다고 해도 투자가 쉽게 늘지 않기 때문에 효과가 떨어진다는 것이다. 따라서 케인즈학파는 통화정책보다 수요확대효과가 직접적이고 확실한 재정정책이 경기침체를 극복하는 효과적인 정책이라고 주장한다.

2) 통화주의학파의 견해(货币主义学派的见解)

통화주의학파는 화폐공급량의 변화가 이자율 변화 → 투자 변화 → 총수요 변화라는 전달경로 뿐만 아니라 보다 직접적이고 광범위하게 영향을 미친다고 주장한다. 반면 재정정책의 경우는 재정지출의 증가가 민간의 투자지출을 감소시키는 구축효과를 발생시키기 때문에 바람직하지 못하고 그 효과도 불확실하다고 주장한다.

(2) 정책시차에 대한 두 학파의 견해(两个学派对政策时差的见解)

정책이 수립되고 집행되더라도 실제 효과가 발생하기까지는 상당한 기간이 소요되는 경우가 많다. 이를 정책 시차(time lag, 时差)라고 한다. 만일 이처럼 정책시차가 존재하고 그 기간이 상당히 길다면 경기침체시에 정부가 확대수요정책을 실시하더라도 실제 정책효과가 경기침체기를 지나 회복기에 나타날 경우 오히려 경기과열이라는 부작용을 낳게 된다. 통화주의학파는 재정정책이 통화정책에 비해 정책수립이나 집행에 시간이 많이 걸려 정책시차문제가 발생할 가능성이 많아 통화정책이 보다 효과적이라고 주장한다. 반면 케인즈학파는 정부지출의 증가는 즉각 생산물시장의 수요증가로 이어져 효과가 즉시 나타나는 반면 통화정책은 이자율의 변화를 통해 투자수요의 변화가 나타나야 하므로 오랜 시간이 필요하다는 것이다.

그림11 6 정책시차와 정책실패

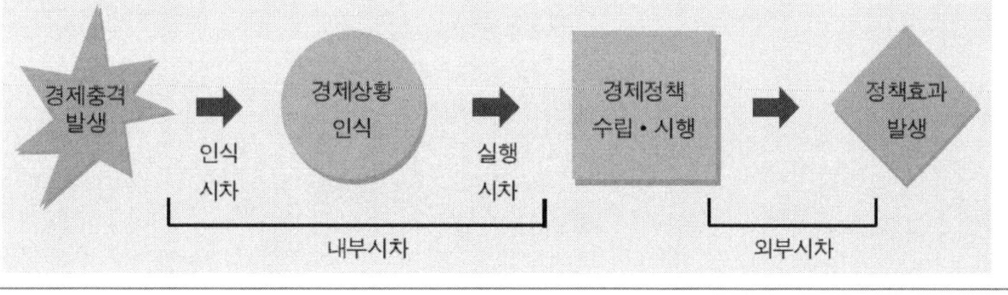

좀더알아보기

새 통화정책의 운영체계

한국은행은 2008년 3월부터 금융통화위원회가 매월 결정하는 정책금리를 종전의 '콜금리 목표'에서 '한국은행 기준금리'로 변경하는 것을 주요 내용으로 하는 새로운 통화정책 운영체계를 도입하여 시행하고 있다. '한국은행 기준금리'는 RP매매, 대기성 여수신 등 대금융기관 거래의 기준이 되는 금리를 말한다.

한국은행은 새로운 통화정책 운영체계를 도입함으로써 통화정책 파급경로의 시발점이 되는 콜금리의 가격기능(시장성)이 제고되고 금융통화위원회의 정책금리 결정이 실물경제 및 금융상황에 미치는 효과가 증대되어 통화정책의 유효성이 높아질 것으로 기대하고 있다.

자료 : 한국은행 홈페이지

좀더알아보기

금리중시 통화정책

오늘날 세계 금융시장의 눈과 귀는 버냉키 미국 연방준비제도이사회(간단히 '연준'이라고도 부름) 의장에 집중되어 있습니다. 왜냐하면 세계경제에 커다란 영향을 미치고 있는 미국의 경기가 앞으로 어떻게 전개되고 인플레이션 압력이 언제 나타날지, 그리고 이를 억제하기 위해 연준이 금리를 어떻게 조절할지가 중요한 관심사이기 때문입니다.

두 차례의 석유파동으로 물가가 크게 올랐던 1970년대에 미국 연준 등 대부분의 중앙은행들은 물가와 통화량 사이에는 밀접한 관계가 있다고 가정하고 통화량을 중간지표로 삼아 정책을 폈습니다. 그러나 1980년대 중반 이후 금융자유화와 개방화가 빠르게 진행되면서 물가와 통화량간의 관계가 크게 약화되었습니다. 이에 따라 많은 나라의 중앙은행들이 통화량 대신 금리를 중심으로 하는 통화정책으로 이행하고 있습니다. 우리나라도 지난 1979년 이후 광의통화(M2)를 중심지표로 통화정책을 펴 왔으나 국내외 금융 환경의 변화로 통화량 중심의 정책이 한계를 드러내면서 점차 금리중시 통화정책으로서 금리중심으로 변경하여 통화정책을 펴고 있습니다. 매월초 열리는 금융통화위원회에서는 물가목표와 실물경제 및 금융시장 전망 등을 토대로 단기금리인 '콜금리 목표' 수준을 1999년 5월 이후 구체적인 수치로 제시해 오다가 2008년 3월부터는 콜금리 목표를 직접 발표하는 대신 한국은행과 금융기관 간 거래시 기준이 되는 금리인 기준금리를 결정 · 공표함으로써 콜금리 목표 수준을 간접적으로 공표하고 있습니다. 금리를 중시한다는 것은 중앙은행이 금융시장의 기대와 반응을 존중하면서 시장친화적인 통화정책을 편다는 것을 의미합니다. 오늘날 각국의 중앙은행은 통화정책을 수행할 때 시장원리를 존중하고 경제주체들에게 정책방향을 명확하게 전달하기 위해 노력하고 있습니다. 이러한 노력은 금리중시 통화정책을 채택함으로써 보다 효과적으로 달성될 수 있습니다. 통화량의 변동은 충분한 시간이 지난 뒤에야 그 효과를 알 수 있고 정확도도 떨어지지만, 금리는 실시간으로 정확한 관측이 가능하기 때문에 중앙은행 입장에서는 시장의 반응을 정책에 즉시 반영할 수 있습니다. 아울러 금리의 미조정(fine-funing)을 위해 거래에 참가하는 과정에서 중앙은행은 통화정책 방향에 대해 투명하고 명확한 신호를 시장에 보낼 수 있습니다.

이러한 의미에서 금리를 중시하는 통화정책은 발달된 금융시장을 바탕으로 통화정책의 선진화를 이루어 가는 하나의 과정이라 할 수 있습니다.

출처 : 한국은행

읽을거리 : 볼링게임 – 통화정책 운영체계의 비유

통화정책의 운영체계는 흔히 볼링 경기에 비유되곤 합니다. 볼링 경기에서 스트라이크를 잡기 위해서는 멀리 있는 핀(최종목표)을 단박에 겨냥하여 볼을 던지기보다 우선 레인의 중간에 있는 특정점(중간목표)을 향해 볼을 던지는 것이 더 유리할 수 있습니다. 이와 같이 중앙은행이 통화정책 수단을 이용하여 물가안정 경제성장 등의 최종목표를 직접 달성하려 하기보다는 그 파급경로상에 최종목표와 밀접한 관계에 있는 중간목표(통화량이나 금리)를 정하여 운영하면 정책의 효과를 한층 높일 수 있습니다. 이러한 통화정책 운영체계를 통화량목표제(monetary targeting)라고 하는데 1970년대 후반이후 많은 국가들이 채택하였습니다.

그러나 1980년대 들어 금융혁신 등으로 통화가 매우 불규칙하게 움직이고 통화지표와 최종목표인 물가의 관계가 불분명해지기 시작하였습니다. 즉 통화와 실물지표간 관계의 안정성이 많이 약화되었습니다. 이는 볼링 경기에서 레인의 특정점을 정확히 겨냥해도 핀이 반 정도밖에 넘어지지 않게 되었고 새로운 특정점을 찾는 것도 어렵게 되었다는 것을 의미합니다. 결국 느슨한 형태의 통화량목표제를 유지하고 있는 유럽중앙은행을 제외하면 대부분의 선진국에서 통화량목표제를 포기하게 되었습니다.

통화량목표제를 대신하여 1990년대에 등장한 것이 물가안정목표제(inflation targeting)인데 이 제도는 1990년 3월 뉴질랜드에서 처음 도입되었습니다. 그 이후 영국, 캐나다, 스웨덴 등이 채택하였으며 우리나라를 비롯한 신흥시장국으로 확산되었습니다. 물가안정목표제는 볼링에서 레인 위의 특정점 대신 멀리 떨어져 있는 핀을 직접 겨냥하듯이 중간목표 없이 운용목표의 조정을 통해 사전에 세워진 물가목표를 직접 달성하고자 하는 운영체계입니다. 따라서 이 제도가 성공을 거두려면 볼링에서 레인의 굴곡, 공을 던지는 힘의 세기나 방향, 공의 무게 등에 관한 체계적이고 종합적인 판단능력이 요구되는 것처럼 정책의 파급경로가 제대로 작동될 수 있는 토양, 즉 정교하고 선진적인 금융시장이 우선 마련되어야 합니다.

이와 함께 인플레이션, 성장 등 다양한 경제변수에 대한 예측능력을 높이는 것이 매우 중요합니다.

출처 : 한국은행

좀더알아보기

선제적 통화정책의 필요성

'선제적'이라는 말에는 두 가지의 뜻이 담겨 있습니다. 첫째는 어떤 사건이 일어나기 전에 미리 대비한다는 것입니다.

경기침체로 대량실업이 발생하거나 경기과열로 물가가 큰 폭으로 오른 뒤에는 어떤 조치를 취해 보아도 별 다른 효과를 얻을 수 없을 것입니다. 그러므로 그렇게 되기 전에 미리 경기속도를 조절해야 한다는 의미가 됩니다. 둘째는 지금 취하는 조치의 효과가 한참 후에 나타난다면 미래의 경제상황을 잘 예측하여 이에 적합한 정책을 미리 취해야 한다는 뜻입니다.

통화정책은 그 효과가 나타나려면 '단기금리 → 장기금리 → 생산·투자 → 물가'의 긴 경로를 거치는데 시차가 짧게는 6개월, 길게는 2년 정도에 이릅니다. 따라서 지금은 물가가 안정되어 있다 하더라도 앞으로 경기과열과 인플레이션 발생이 우려된다면 미리 정책기조를 바꿀 필요가 있는 것입니다.

그런데 선제적 통화정책은 그 당위성이 크지만 이를 실천에 옮기는 일은 쉬운 일이 아닙니다. 경제에 이미 물가상승 등 심각한 불균형이 나타났다면 대부분 사람들은 정책기조의 전환을 별다른 거부감 없이 받아들일 것입니다. 그러나 그렇지 않은 상황에서 사람들이 원하지 않는 방향으로 정책을 바꾼다면, 중앙은행은 많은 비난을 면치 못할 것입니다.

중앙은행은 각종 경제지표의 움직임을 보면서 경기가 조금이라도 과열되어 물가가 오를 기미가 보이면 이를 진정시키기 위해 노력합니다. 그래서 중앙은행은 '잔치가 무르익을 무렵 술병을 치워버리는 심술궂은 사람(killjoy)'으로 비유되기도 합니다. 그러나 국민 다수가 지지하는 선제적 통화정책이 경제를 장기호황으로 이끄는 원동력이라는 것은 통화정책의 최고 성공사례로 꼽히는 미국 연준의 예에서 이미 확인된 바 있습니다.

좀더알아보기

경제양극화 현상의 해결방안은?

우리는 경제양극화라는 말을 자주 듣고 있습니다. 내수와 수출경기간, 산업간, 기업간, 계층간에 양극화 현상이 뚜렷하다고 합니다. 수출은 큰 폭의 신장세를 보이고 있는데 비해 내수가 부진하며, 자동차·조선·철강·IT산업 등은 호조인데 다른 업종들은 그렇지 못합니다. 대기업은 막대한 이익을 올리고 있지만 중소기업은 그렇지 못합니다. 정규직은 안정된 일자리와 소득이 보장된 반면 비정규직의 일자리와 소득은 불안정합니다.

이러한 경제양극화 현상은 왜 발생할까요? 양극화 현상은 기본적으로 성숙단계 진입, 세계화, 기술진보 등 경제환경 변화에 대한 경제주체들의 적응능력 차이에 따라 불가피하게 발생합니다. 이 밖에 소재부품 산업의 미발달로 인한 수출과 내수의 연관성 미약, 중소기업 성장기반의 취약성, 그리고 고용구조 악화 등도 발생원인으로 작용합니다.

이처럼 여러 부문에서 경제양극화 현상이 지속되거나 그 정도가 심화될 경우에는 단기적으로 경제의 변동성이 커질 수있습니다. 또한 장기적으로는 인적 또는 물적 자본의 축적이 약화되어 성장잠재력이 훼손될 수 있습니다.

앞에서 살펴본 경제안정화정책은 총수요를 잠재 생산능력 수준에 근접시켜 경기변동의 진폭을 줄이려는 정책으로서 국민경제 전반에 영향을 미칩니다. 그러나 경제안정화정책으로는 부문간 양극화 문제를 해결하기 힘들어 별도의 미시적인 정책 처방이 필요합니다. 먼저 소재부품과 서비스 산업 육성 등으로 국내 산업간 연관관계를 강화하여 수출 증가가 투자와 고용 증가, 그리고 소비 증가로 이어지는 선순환(善循環) 구조를 정착시켜야 합니다. 이러한 메커니즘이 원활하게 작동할 수 있도록 불확실성을 제거하고 경제구조를 개선하여야 합니다. 또한 중소기업의 기술개발 촉진, 대기업과 중소기업 간의 공정경쟁 체제 구축 등을 통한 산업의 경쟁력을 높여야 합니다. 이 밖에 사회안전망을 확충해야 합니다. 특히 구조적 요인으로 노동시장에서 탈락한 근로자가 노동시장에 빨리 재진입할 수 있도록 대책을 강화할 필요가 있습니다.

Chapter 11 Summary

1. 경제안정정책

정부가 총수요를 조절하여 실업과 인플레이션 문제를 해결하고 경제의 안정을 도모하는 정책을 말한다. 경제안정정책 수단으로는 통화정책과 재정정책이 있다.

① 재정정책은 정부지출 또는 조세를 변화시켜 총수요를 조절하는 것을 말한다. 정부가 정부지출을 늘리거나 세금을 줄이는 경우 총수요는 증가한다. 반대로 정부지출을 줄이거나 세금을 늘리게 되면 총수요는 감소하게 된다.

② 통화정책은 통화공급량 또는 이자율을 조절하여 총수요를 관리하는 정책을 말한다. 통화공급을 늘리게 되면 이자율은 하락하고 이자율의 하락은 투자수요의 증가를 가져와 총수요를 증가시킨다. 반대로 통화공급의 감소는 이자율의 상승을 가져와 투자감소를 유발시켜 총수요를 줄이게 된다.

2. 재정정책의 효과

정부지출의 증가 → 생산물시장에서 물가와 소득이 상승 → 화폐시장에서 거래적동기·예비적동기에 의한 화폐수요 증가 → 이자율 상승 → 기업의 투자수요 감소 → 총수요의 감소 → 최종적인 경제의 균형에서 물가와 국민소득의 상승

3. 구축효과

정부가 국채를 발행하여 정부지출을 늘리는 경우에 정부지출의 증가가 민간의 투자를 구축시키는 효과를 말함.

4. 통화공급의 전달경로

① 화폐공급의 증가 → 이자율 하락 → 투자증가 → 승수효과 → 총수요 증가 → 국민소득 증가
② 화폐공급의 감소 → 이자율 상승 → 투자감소 → 승수효과 → 총수요 감소 → 국민소득 감소

5. 통화정책의 전달경로에 대한 두 학파의 견해

1) 케인즈학파의 견해 : 통화정책의 전달경로가 너무 길고 불확실해서 신뢰할 수 없다고 주장한다. 케인즈학파는 경기가 침체되었을 때 화폐공급량을 늘리더라도 이자율이 떨어지기 힘들고 이자가 하락한다고 해도 투자가 쉽게 늘지 않기 때문에 효과가 떨어진다는 것이다. 따라서 케인즈학파는 통화정책보다 수요확대효과가 직접적이고 확실한 재정정책이 경기침체를 극복하는 효과적인 정책이라고 주장한다.

2) 통화주의학파의 견해 : 통화주의학파는 화폐공급량의 변화가 이자율변화 → 투자 변화 → 총수요 변화라는 전달경로 뿐만 아니라 보다 직접적이고 광범위하게 영향을 미친다고 주장한다. 반면 재

정정책의 경우는 재정지출의 증가가 민간의 투자지출을 감소시키는 구축효과를 발생시키기 때문에 바람직하지 못하고 그 효과도 불확실하다고 주장한다.

3) 정책시차에 대한 두 학파의 견해 : 정책이 수립되고 집행되더라도 실제 효과가 발생하기까지는 상당한 기간이 소요되는 경우가 많다. 이를 정책시차(policy lag)라고 한다. 통화주의학파는 재정정책이 통화정책에 비해 정책수립이나 집행에 시간이 많이 걸려 정책시차문제가 발생할 가능성이 많아 통화정책이 보다 효과적이라고 주장한다. 반면 케인즈학파는 정부지출의 증가는 즉각 생산물시장의 수요증가로 이어져 효과가 즉시 나타나는 반면 통화정책은 이자율의 변화를 통해 투자수요의 변화가 나타나야 하므로 오랜 시간이 필요하다는 것이다.

Chapter 11 Example of Exam.

1. 재정정책의 효과를 설명하라.

2. 통화정책의 효과를 설명하라.

3. 정부지출의 구축효과를 설명하라.

4. 통화공급의 전달경로에 대한 케인즈학파와 고전학파의 견해를 설명하라.

저자 **홍 승 표** (hongsp@chungwoon.ac.kr)

- 서울대학교 경제학석사
- 서울대학교 경제학박사
- 통신개발연구원 연구위원
- 삼성금융연구소 선임연구위원
- 청운대학교 인천캠퍼스 경영학과 교수

현, 청운대학교 인천캠퍼스 경영대학 경영학과 교수

거시경제학

지 은 이 · 홍 승 표

펴 낸 이 · 최 재 범

펴 낸 곳 · 도서출판 탐진

등록 1-996호(倫). 1990. 1. 12.
서울시 마포구 신수로 27-1
Tel. 715-1092 ~ 3 / Fax. 701-6391
E-mail. tamjin1990@hanmail.net / Homepage. www.tamjin.co.kr

저자와의 협의하에 인지를 생략함

2022. 8.29. 초판 발행

ISBN 978-89-5540-695-5 93320 정가 23,000원